REIHE
KULTUR, MEDIEN UND RECHT
HERAUSGEGEBEN VON RA ALEXANDER UNVERZAGT

BAND 3

MEDIENPLATZ HAMBURG

ENTWICKLUNGEN, STRUKTUREN UND PERSPEKTIVEN DER MEDIENWIRTSCHAFT IN HAMBURG

THOMAS KIRSCH
HERMANN-DIETER SCHRÖDER

VERLAG KAMMERER & UNVERZAGT
+
CHRISTIANS VERLAG

CIP - Titelaufnahme der Deutschen Bibliothek

Reihe Kultur, Medien und Recht
Herausgegeben von
Rechtsanwalt Alexander Unverzagt, Hamburg

Band 3
Medienplatz Hamburg
(Entwicklungen, Strukturen und Perspektiven der Medienwirtschaft in Hamburg)
Autoren: Thomas Kirsch und Hermann-Dieter Schröder

Verlag Kammerer & Unverzagt ISBN : 3-926763-77-9
Christians Verlag ISBN : 3-7672-1240-4

Telefon: 040 / 45 33 70 - Telefax: 040 / 44 28 88

Gestaltung und Satz: Koch, Lechtenbrink. DTP, Hamburg
Druck und Bindung: Loibl Druck, Neuburg

INHALTSVERZEICHNIS

V. AUDIOVISUELLE MEDIEN

VI. AUDIOMEDIEN

VERZEICHNIS DER TABELLEN

VERZEICHNIS DER ABBILDUNGEN

VORWORT

Hamburg ist eine der wichtigsten Medienstädte Europas. Die Stadt bemüht sich, ihren Rang als Medienplatz Nr. 1 in Deutschland zu bewahren. Führend ist sie insbesondere in den Bereichen der Printmedien und der Tonträgerschaft; eine hervorragende Stellung nimmt sie auch als Sitz für Werbeagenturen und Film- und Fernsehunternehmen ein.
Die Medientechnologie und die Medienwirtschaft sind einem schnellen Strukturwandel ausgesetzt. Wollen die Medienunternehmen und die staatlichen Stellen darauf schnell und angemessen reagieren, benötigen sie Informationen. Die hier vorgelegte Studie des Hans-Bredow-Instituts für Rundfunk und Fernsehen stellt den aktuellen Stand der Medienwirtschaft in Hamburg dar. Sie knüpft an eine im Jahre 1987 vom Institut vorgelegte Untersuchung sowie kontinuierliche Erhebungen der Handelskammer Hamburg an. Die Untersuchung verarbeitet einerseits verfügbare Statistiken, so insbesondere die Statistiken über sozialversicherungspflichtig Beschäftigte und die Umsatzsteuerstatistiken. Vor allem aber ist durch die Auswertung weiterer Materialien und Gespräche mit Verantwortlichen in den Medienunternehmen eine Klärung versucht worden, wie Hamburger Medienunternehmen auf veränderte ökonomische, technologische und (medien-)politische Rahmenbedingungen reagiert haben und reagieren und welche Strukturveränderungen der Hamburger Medienwirtschaft sich daraus ergeben.
Die Auswertung soll der Praxis Orientierungswissen bereitstellen, aber auch die Grundlage für weitere wissenschaftliche Untersuchungen zur Struktur der Medienwirtschaft schaffen. Sie ist in ihren Daten zwar auf Hamburg bezogen, ergibt in den Strukturanalysen aber auch Informationen, die für andere Medienzentren und die Medienwirtschaft allgemein bedeutsam sein dürften.

Prof. Dr. Wolfgang Hoffmann-Riem

Hamburg, im Oktober 1994

VORWORT DER AUTOREN

Die Medienwirtschaft gewinnt weltweit und auch in Deutschland eine immer größer werdende Bedeutung. Sie hat sich in den letzten Jahren bundesweit zu einem der wachstumsstärksten Wirtschaftssektoren entwickelt, und es wird allerseits davon ausgegangen, daß auch in der Zukunft Nachfrage nach und Angebot von Medieninhalten weiter steigen werden.
Gleichzeitig gibt es aber kaum Informationen über Größenordnung, Entwicklung und Struktur der Medienwirtschaft und ihrer einzelnen Bereiche. Die vorliegende Publikation möchte dazu beitragen, dieses Informationsdefizit für Hamburg als einem der wichtigsten Standorte für Medienunternehmen in Deutschland abzubauen.
Die Studie ist eine wesentlich erweiterte Fassung eines Projektberichtes, der im Auftrag der Technischen Universität Hamburg-Harburg im Rahmen einer Untersuchung über wirtschaftliche Strukturentwicklungen in Hamburg verfaßt wurde. Das Projekt wurde von den Autoren dieses Berichts gemeinschaftlich konzipiert und realisiert. Auch die Interviews mit leitenden Vertretern von Hamburger Medienunternehmen und unternehmensunabhängigen Branchenkennern haben wir überwiegend gemeinsam geführt. Bei der Auswertung und der Formulierung des Abschlußberichts sind wir jedoch weitgehend arbeitsteilig vorgegangen. Für Kapitel 5 lag die Federführung bei Hermann-Dieter Schröder, für die übrigen Kapitel bei Thomas Kirsch.
Die Durchführung der Untersuchung und die Vorlage des Buches wären nicht möglich gewesen ohne die dankenswerte Gesprächsbereitschaft unserer Interviewpartnerinnen und -partner.
Unser Dank gilt auch zahlreichen Mitarbeitern des Arbeitsamtes Hamburg, des Statistischen Landesamtes in Hamburg, des Landesarbeitsamtes Nord in Kiel sowie des Statistischen Bundesamtes in Wiesbaden, die uns mit einer Unmenge von Zahlen, teilweise sogar noch unveröffentlichten Daten, versorgten.
Für die Mitarbeit an der Untersuchung danken wir Marco Czygan, der sich als studentischer Mitarbeiter über die gesamte Laufzeit engagiert hat und bei den Recherchen, der Auswertung der Interviews und der Gestaltung der Grafiken mitgewirkt und so maßgeblich zum Zustandekommen des vorliegenden Berichts beigetragen

hat, sowie Jörg Mentzel, der für drei Monate als studentischer Mitarbeiter beteiligt war. Unser Dank gilt auch Gudrun Eck, Gabriele Jansohn und Thomas Riedel, die das Manuskript in engagierter Weise in eine nutzbare Form gebracht haben.

Thomas Kirsch
Hermann-Dieter Schröder

I. EINLEITUNG

1. Fragestellung

Die Medienwirtschaft gilt als attraktiver Wirtschaftsbereich. Sie hat sich in den letzten Jahren bundesweit zu einem der wachstumsstärksten Wirtschaftssektoren entwickelt. Im Gegensatz zu der allgemeinen wirtschaftlichen Lage werden hier noch Wachstumsraten erzielt; in Teilbereichen werden sogar neue Arbeitsplätze geschaffen. Außerdem wird die Medienbranche als eine zukunftsträchtige Branche angesehen, da auch in Zukunft, unterstützt von sich schnell entwickelnden Kommunikationstechniken, Nachfrage und Angebot von Informationen und Unterhaltung wachsen werden.
Diesen positiven wachstums- und beschäftigungspolitischen Aspekten stehen auch sonst kaum Nachteile gegenüber, im Gegenteil: Die Medienwirtschaft verursacht kaum Umweltverschmutzung, sie ist kaum auf natürliche Standortbedingungen angewiesen, und sie wertet das Image der Region auf. Dies kann sich, bedingt durch den wechselseitigen Einfluß von Kommunikation und Kultur, sowohl in Bereichen wie dem Fremdenverkehr und der Gastronomie als auch bei der Ansiedlung von qualifizierten Arbeitskräften und Unternehmensengagements positiv auswirken. Deshalb sind viele Städte und Regionen in Deutschland daran interessiert, diesen Wirtschaftsbereich zu beherbergen. Gleichzeitig sind aber wenig Informationen über die Situation von Medienunternehmen (Anzahl, Umsatz, Beschäftigte, bevorzugte Standortfaktoren, Probleme, Strategien und Perspektiven) in regionalen Räumen verfügbar.
Ziel der vorliegenden Untersuchung ist es, dieses Informationsdefizit für Hamburg, eine der wichtigsten Medienregionen Deutschlands, abzubauen. Im einzelnen sollen die Situation, Bedeutung und Struktur der Hamburger Medienwirtschaft dargestellt, Standortvor- und -nachteile herausgearbeitet sowie Strukturveränderungen und Entwicklungstendenzen des vergangenen Jahrzehnts aufgezeigt werden.
Einige Studien über die Situation der regionalen Medienwirtschaft in Hamburg und anderen Städten bzw. Regionen Deutschlands liegen bereits vor. Neben Portraits von ortsansässigen Medienunter-

nehmen bzw. deren Produkten[1] finden sich nicht zuletzt von den regionalen Handelskammern vorgelegte Bestandsaufnahmen "ihrer" Medienbranche.[2] Damit soll zugleich auch ein Beitrag zur Profilierung der jeweiligen Stadt als Medienzentrum geleistet werden.[3]
Tiefergehende Strukturanalysen liegen über die Medienregionen Stuttgart[4] und Hamburg[5] vor. Ziel der von der IHK Region Stuttgart in Auftrag gegebenen Untersuchung war die "quantitative und qualitative Beschreibung des Medienstandorts Region Stuttgart".[6] Der in den Jahren 1985 bis 1987 vom Hans-Bredow-Institut durchgeführten Untersuchung über den Medienplatz Hamburg ging es "um die Bereitstellung von Informationen über den Ist-Bestand und die Struktur wichtiger Teile der Hamburger Medienwirtschaft".[7]
Seit Anfang der 80er Jahre haben sich wichtige Rahmenbedingungen tiefgreifend verändert. Dabei handelt es sich einerseits um Veränderungen, die die Ökonomie als Ganzes betreffen, wie der fortschreitende Modernisierungsprozeß in Richtung auf wissensintensive Produktion, Internationalisierung und weiträumige Verflechtung der Wirtschaft, der Trend zur Freizeitgesellschaft, die Individualisierung und Diversifizierung von Bedürfnissen, der Integrationsprozeß in Europa und die deutsche Einheit, andererseits um medienspezifische Veränderungen, wie die Zulassung privater Rundfunkveranstalter in Deutschland.
In der vorliegenden Studie soll herausgearbeitet werden, wie Hamburger Medienunternehmen auf die veränderten Umweltbedingungen reagieren und welche Strukturveränderungen der Hamburger Medienwirtschaft sich daraus ergeben.

1 Bentele/Jarren (Hrsg.), 1988.

2 Vgl. z.B. Industrie- und Handelskammer zu Berlin (Hrsg.), 1989 und Industrie- und Handelskammer München (Hrsg.), 1986.

3 Im Zentrum von regionalen Kommunikationsatlanten, wie denen von Baden-Württemberg (Expertenkommission Neue Medien - EKM Baden-Württemberg, 1981) und Nordrhein-Westfalen (Lange/Pätzold, 1984) steht dagegen die Versorgung eines geographischen Raumes mit Medien; Informationen über den Bestand an Medienunternehmen tauchen nur am Rande auf.

4 Schütz, 1993.

5 Hoffmann-Riem (Hrsg.), 1987.

6 Schütz, 1993, S. 23.

7 Hoffmann-Riem, 1987, S. 17.

Die Arbeit ist in sechs Kapitel gegliedert. Der Einleitung, die Fragestellungen und Methoden der Untersuchung sowie Abgrenzungsprobleme der Medienwirtschaft umfaßt, schließt sich ein Kapitel über die Bedeutung der Hamburger Medienwirtschaft an. Es folgen vier Kapitel, die jeweils einen Bereich der Medienwirtschaft thematisieren, nämlich Printmedien, Werbeunternehmen, audiovisuelle Medien und Audiomedien. Dabei werden in jedem Kapitel zunächst die wichtigsten Sparten des jeweiligen Bereiches vorgestellt, bevor in einer Schwerpunktanalyse näher auf die jeweils in Hamburg dominierende Sparte eingegangen wird. Im Vordergrund steht die Frage, wie Unternehmen dieser Sparte auf eine sich verändernde Umwelt reagiert haben und reagieren. Im einzelnen haben wir dabei Auswirkungen auf die Gestaltung ihrer Beziehungen zu Lieferanten, Dienstleistern und Mitbewerbern, ihre Produktpalette, ihre Organisationsform und ihr Wirkungsgebiet untersucht. Durch die Thematisierung der Beziehungen zu vor- und nachgelagerten Sparten können zumindest bis zu einem gewissen Grad Rückschlüsse auf den gesamten Bereich gezogen werden. Jedes Kapitel wird mit einem Abschnitt abgeschlossen, in dessen Zentrum Standortfragen der jeweiligen Medienbranche stehen. In dem letzten Kapitel wird ein Ausblick über die zukünftige Entwicklung der Hamburger Medienwirtschaft gegeben, wobei sowohl allgemeine Trends in der Medienwirtschaft als auch die Bewertung des Standorts Hamburg durch Medienunternehmen zugrunde gelegt werden.

2. Methoden

Der quantitativen Beschreibung der Entwicklung und des Ist-Zustandes liegen amtliche Statistiken und Zahlen aus Erhebungen der Handelskammer Hamburg zugrunde. Für die qualitativen Fragestellungen wurden neben der Auswertung relevanter Literatur insgesamt 34 Expertengespräche durchgeführt, davon 21 mit Vertretern von Unternehmen der Medienwirtschaft, die restlichen mit Vertretern anderer Institutionen im Medienbereich und unabhängigen Branchenkennern.
Die Auswahl der Unternehmen erfolgte auf der Grundlage der noch zu erläuternden Untergliederung der Medienwirtschaft in die vier Bereiche Printmedien, audiovisuelle Medien, Audiomedien und Werbung unter Berücksichtigung der von uns gewählten Schwerpunkte innerhalb dieser Bereiche, als auch nach dem Gesichts-

punkt der Unternehmensgröße. Außerdem haben wir uns bemüht, miteinander verflochtene Unternehmen bei unserer Auswahl mitzuberücksichtigen.
Die begrenzte Anzahl der Interviews mit Unternehmen kann eine vollständige Erfassung aller Trends und Strukturveränderungen nicht gewährleisten. Die Untersuchung erhebt deshalb nur den Anspruch, Tendenzen aufzuzeigen.

3. Abgrenzung der Medienwirtschaft

Der Versuch, die Medien als Wirtschaftsgruppe darzustellen, stößt auf große definitorische und statistische Probleme.

3.1 Definitorische Abgrenzung

Die Medienwirtschaft ist kein klar definierter Wirtschaftszweig, wie etwa der Bereich Chemische Industrie, für den die amtlichen Statistiken die dazugehörigen Wirtschaftsgruppen genau aufführen. In Verbindung damit, daß in der Ökonomie Unternehmen auf vielfältige Weise z.B. durch Ketten vor- und nachgelagerter Bereiche miteinander verbunden sind, führt dies dazu, daß fast jede Untersuchung über Medienwirtschaft eine andere definitorische Abgrenzung vornimmt. Einige Untersuchungen beziehen z.B. vor dem Hintergrund enger Verbindungen zwischen den eigentlichen Massenmedien und dem künstlerischen und kulturellen Bereich auch kulturelle Einrichtungen wie Bibliotheken, Museen und Theater mit in die Wirtschaftsgruppe Medien ein.[8] Andere wiederum berücksichtigen Unternehmen der medienspezifischen Gerätetechnik und des Gerätehandels.[9]
In Anlehnung an die 1987 veröffentlichte Untersuchung "Medienplatz Hamburg"[10] haben wir allerdings nur jene Unternehmen zur Medienwirtschaft gezählt, die als Unternehmensschwerpunkt Informationen und andere Kommunikationsinhalte mit Hilfe von Massenmedien (z.B. Zeitschriften, Zeitungen, Bücher, Rundfunk, Schallplatten) herstellen und/oder verbreiten.

8 Vgl. Moths, 1978, S. 543.

9 Vgl. Industrie- und Handelskammer München, 1986.

10 Vgl. insbesondere Richert/Thiel/Weilepp, 1987.

Dabei haben wir aufgrund der unterschiedlichen Produktionstiefe der Unternehmen der Medienwirtschaft die Lieferanten medienspezifischer Vorleistungen sowohl inhaltlicher als auch technischer Art mit zur Medienwirtschaft gerechnet.
Auf der Absatzseite haben wir entsprechend dem üblichen Verständnis den Zeitungs-, Zeitschriften- und Buchvertrieb (Großhandel) in den Bereich der Medienwirtschaft sowie den Vertrieb und Verleih von Film-, Fernseh- und Videoprodukten und Tonträgern (soweit nicht an private Haushalte) einbezogen.
Die so verstandene Medienwirtschaft wurde von uns nach Art des produzierten oder vertriebenen Mediums in die drei Bereiche: Printmedien (Zeitungs- und Zeitschriftenverlag, Buchverlag, sonstiger Verlag, Zeitungs- und Zeitschriftenvertrieb und Buchvertrieb (Großhandel), Nachrichtenagentur und Informationsdienst, Druckkerei, Herstellung von Druckverlagen, Buchbinderei, Falz- und Couvertierbetrieb), Audiovisuelle Medien (Film-, Fernseh- und Videoproduktion, technischer Betrieb für Film, Video, Fernsehen - einschließlich Synchronisation, Vertrieb von Film-, Fernseh- und Videoproduktionen, Fernsehveranstalter) und Audiomedien (Musikverlage, Produktion, Vervielfältigung und Vertrieb von Tonträgern, Hörfunkproduktion, Hörfunkveranstalter[11] unterteilt.
Außerdem haben wir als vierten Bereich Unternehmen mit dem Schwerpunkt Werbung, Public-Relations, Marktforschung (Werbeagentur, Public-Relations-Agentur, Markt- und Meinungsforschung, Verkaufsförderung, sonstige Werbedienstleistungen) aufgenommen, da Werbung überwiegend durch Medien übermittelt wird[12] und die Medien auch zu einem großen Teil von den Einnahmen aus der Werbung abhängig sind.[13]
In die Kategorie sonstige Medienunternehmen fallen medienbezogene Beratungsbereiche, Bild- und Fotodienst, Vertretung, Verkauf und Vermietung im Medienbereich, Veranstalter von Messen und Kongressen und medienbezogene Ausbildung.

11 Hörfunkveranstalter werden im folgenden aufgrund des Datenmaterials teilweise bei Audiovisuellen Medien geführt.

12 Der Anteil der Medienumsätze an den Gesamtwerbeinvestitionen stieg in Deutschland zwischen 1984 und 1993 von 56,4 % auf 66,0 % (Eigene Berechnung aus: Kellerer & Partner GmbH, Band 1, 1992 und Medienspiegel vom 13. Juni 1994).

13 Die Einnahmen der Medien aus der Werbung nahmen in Deutschland zwischen 1984 und 1993 von 16,7 Mrd. DM auf 32,2 Mrd. DM zu (aus: Kellerer & Partner GmbH, Band 1, 1992, S. 109 und Medienspiegel vom 13. Juni 1994).

3.2 Regionale Abgrenzung

Auch wenn wir uns bewußt sind, daß gerade in Ballungsräumen die durch die Verwaltung festgelegten Grenzen nicht denen einer durch Verflechtungen charakterisierten Wirtschaftsregion entsprechen, haben wir in dieser zeitlich befristeten Untersuchung, soweit es die quantitative Beschreibung und die Auswahl der Unternehmen für die Interviews betrifft, nur das Stadtgebiet von Hamburg berücksichtigt.

3.3 Datenlage und statistische Abgrenzungsprobleme

Geeignete Kennziffern zur Beschreibung eines Wirtschaftszweiges sind die dort erwirtschaftete Bruttowertschöpfung (Beitrag zum Bruttosozialprodukt) und die Anzahl der Erwerbstätigen. Bei dem Versuch einer solchen Beschreibung für eine regionale Wirtschaftsstrukturanalyse stößt man jedoch auf viele Probleme: Wir konnten in unserer Untersuchung den Gesichtspunkt der Bruttowertschöpfung nicht mit aufnehmen, da für die einzelnen Bundesländer aus Gründen des Datenschutzes diesbezügliche Informationen nur über stark zusammengefaßte Wirtschaftsbereiche vorliegen. So sind für Hamburg nur aggregierte Daten für den Bereich "Wissenschaft, Bildung, Kunst, Publizistik" verfügbar.
Einen Ausweg bietet die Umsatzsteuerstatistik, die in ihrer Systematik der Wirtschaftszweige größtenteils eine hinreichende Gliederung aufweist. Sie beruht auf den Angaben zuständiger Finanzämter und wird vom Statistischen Landesamt Hamburg geführt.
Die Aussagekraft der Umsatzsteuerstatistik unterliegt jedoch schwerwiegenden Einschränkungen. Da die Kennziffer Umsatz im Gegensatz zur Bruttowertschöpfung jeweils die Vorleistungen aus anderen Wirtschaftszweigen beinhaltet, wird der Stellenwert von Sektoren mit hohen Vorleistungen überzeichnet. Weitere Verzerrungen ergeben sich zum einen dadurch, daß die von den örtlich zuständigen Finanzämtern bei der Gewerbeanmeldung je nach Unternehmensschwerpunkt vorgenommene Zuordnung von Unternehmen in Wirtschaftsbereiche auch bei Verlagerungen der Unternehmensaktivitäten bestehen bleibt. Der Umsatz müßte in einem solchen Fall eigentlich einem anderen Wirtschaftszweig angerechnet werden. Zum anderen kommt es dadurch zu Verzerrungen, daß die Besteuerung der Unternehmen und damit auch die Registrierung des Umsatzes am Firmensitz erfolgt, der nicht unbedingt

dort sein muß, wo produziert wird und wo sich die Arbeitsplätze befinden.
Somit beziehen sich einerseits die für Hamburg ermittelten Ergebnisse nicht auf die dort erwirtschafteten Umsätze, sondern auf die gesamten Umsätze der dort mit ihrer Geschäftsleitung ansässigen Unternehmen. Andererseits fehlen die Umsätze derjenigen Betriebe, die zwar ihren Standort in Hamburg haben, deren Geschäftsführung jedoch in einem anderen Bundesland ansässig ist. Dies trifft auch für Organtöchter[14] zu, deren Organträger in einem anderen Bundesland sitzen. Das Unternehmenssitz-Prinzip ist auch die Ursache dafür, daß rein rechtliche Firmensitzverlagerungen erhebliche Auswirkungen auf die Daten haben, ohne daß sich die Medienlandschaft tatsächlich gewandelt hätte.
Dieses Problem tritt bei der Verwendung der Statistik der sozialversicherungspflichtig beschäftigten Arbeitnehmer nicht auf. Dort erfolgt die Erfassung nämlich am Arbeitsort. Bei der Interpretation dieser Statistik muß allerdings folgende Einschränkung beachtet werden: Die Statistik enthält zwar die Zahl der Arbeitnehmer, die krankenversicherungs-, rentenversicherungs- oder beitragspflichtig nach dem Arbeitsförderungsgesetz sind oder für die Beitragsanteile zu den gesetzlichen Rentenversicherungen entrichtet werden. Dazu gehören auch Auszubildende und Teilzeitbeschäftigte, aber die nicht sozialversicherungspflichtigen Erwerbstätigen, besonders die tätigen Inhaber sowie die freien Mitarbeiter, werden nicht erfaßt.
In der Medienwirtschaft gibt es im Vergleich zur Gesamtwirtschaft überdurchschnittlich viele freie Mitarbeiter. Diese treten z.B. auf als "Lieferanten redaktioneller Beiträge für Zeitungen, Zeitschriften, Nachrichtenagenturen und Rundfunk, als Autoren, Illustratoren und Übersetzer bei Buchverlagen, als Fotografen und Grafiker für Zeitungen, Zeitschriften und Werbeunternehmen, als Interviewer für Marktforschungsunternehmen, als Schauspieler, Statisten oder Kameraleute bei Film und Fernsehen."[15]
Eine weitere Schwierigkeit entsteht dadurch, daß die in der Statistik gewählte Abgrenzung zwischen den Wirtschaftszweigen nicht vollständig der hier in der Untersuchung gewählten Abgrenzung entspricht. Insbesondere nicht gesondert erfaßt werden konnten

14 Eine Organtochter ist ein Unternehmen, das wirtschaftlich, finanziell und organisatorisch in ein anderes Unternehmen, den Organträger, eingegliedert ist.

15 Richert/Thiel/Weilepp, 1987, S. 117.

Presse- und Buchvertriebsunternehmen (Großhandel), Tonträgerproduzenten, Public-Relations-Agenturen und die Restgruppe der sonstigen Medienunternehmen, weil sie in der Statistik der sozialversicherungspflichtig beschäftigten Arbeitnehmer mit anderen Unternehmen, die nicht zur Medienwirtschaft gehören, zusammengefaßt werden.
Dies bedeutet einerseits, daß die Gesamtanzahl der in der Hamburger Medienwirtschaft Erwerbstätigen nach oben korrigiert werden muß und andererseits, daß mit Hilfe der Beschäftigtenstatistik keine Aussagen hinsichtlich der Beschäftigungsentwicklung der oben genannten Teilbereiche getroffen werden können.
Neben den amtlichen Statistiken liegen uns auch Daten aus Erhebungen der Handelskammer Hamburg vor, die diese 1980, 1985, 1988 und 1991 über die Medienwirtschaft in Hamburg durchführte.[16] Dabei wurden alle Unternehmen mit mehr als zehn Beschäftigten zunächst schriftlich über Anzahl der Beschäftigten und Umsatz (Rücklaufquote der jüngsten Umfrage: 65 %) oder bei Ausbleiben einer schriftlichen Antwort telefonisch befragt (Rücklaufquote insgesamt: 95 %). Die Daten von Unternehmen mit weniger als zehn Beschäftigten wurden geschätzt.
Auch hier ist die Größe "Umsatz" nach Aussage der Handelskammer problematisch, weil die befragten Unternehmen meistens nicht zwischen dem in Hamburg und an anderen Orten erwirtschafteten Umsatz trennen konnten. Dabei legen die im Vergleich zur Umsatzsteuerstatistik deutlich höheren Zahlen den Schluß nahe, daß viele Hamburger Medienunternehmen, unabhängig davon, ob ihr Unternehmenssitz inner- oder außerhalb Hamburgs liegt, ihren gesamten bundes- oder weltweiten Umsatz angegeben haben.
Vor diesem Hintergrund haben wir uns entschieden, die Entwicklung der Hamburger Medienwirtschaft und ihrer Teilbereiche mit Hilfe der Statistik der sozialversicherungspflichtig Beschäftigten abzubilden. Auch wenn hierbei die Zahlen nach oben korrigiert werden müssen, dürfte der Entwicklungsverlauf davon kaum tangiert werden. Die Daten aus der Umsatzsteuerstatistik haben dagegen aus oben genannten Gründen weniger Aussagekraft, bieten jedoch in den meisten Fällen zumindest Ansatzpunkte für Trends und werden deshalb ebenfalls aufgeführt.

16 Dabei handelt es sich allerdings nicht um die Urdaten, sondern um die aggregierten Zahlen aus Plath, 1985 und Plath, 1993.

Auf die Daten der Handelskammer haben wir in denjenigen Fällen zurückgegriffen, in denen die Daten aus der Umsatzsteuerstatistik offensichtlich nicht die Realität abbildeten oder die Beschäftigungsstatistik keine Angaben enthielt.
Um über die regionale Verteilung der Unternehmen innerhalb Hamburgs Aussagen treffen zu können, haben wir die in dem Medienführer "Hamburg kommuniziert" aufgeführten Medienunternehmen für ausgewählte Sparten der Bereiche Printmedien, audio-visuelle Medien und Werbewirtschaft nach ihrer dort angegebenen Anschrift in eine nach den neuen Postleitzahlen aufgeteilte Karte Hamburgs übertragen. Dabei muß natürlich beachtet werden, daß die Anschriftenliste nicht vollständig ist. Aber es werden zumindest Tendenzen erkennbar.

II. DIE BEDEUTUNG DER MEDIENWIRTSCHAFT FÜR HAMBURG

1. Der Wirtschaftsstandort Hamburg

Hamburg ist mit fast 1,7 Mio. Einwohnern die zweitgrößte Stadt der Bundesrepublik. 2 % der Bevölkerung des vereinigten Deutschlands leben hier. 870.000 Erwerbspersonen erwirtschafteten 1993 ein Bruttoinlandsprodukt (BIP) in Höhe von 120 Mrd. DM, dies entspricht 4,2 % des BIPs der Bundesrepublik.[17]

Charakteristisch für die Struktur der Hamburger Wirtschaft ist der hohe Anteil des tertiären Sektors (Handel, Verkehr, Kreditinstitute, sonstige Dienstleistungen, Staat) und der niedrige Anteil des produktiven Sektors (Energie- und Wasserversorgung, Bauwirtschaft, Verarbeitendes Gewerbe). Während in Deutschland der tertiäre Sektor zu 60,5 % zum BIP beiträgt, sind es in Hamburg 73,4 %. Dem stehen für den produktiven Sektor 21,1 % in Hamburg 35,2 % in der Bundesrepublik gegenüber.[18]

Hamburg ist die einzige Großstadt der alten Bundesländer Deutschlands, in der der Handel einen höheren Stellenwert als die Investitionsgüterindustrie hat und das im Verkehrssektor erwirtschaftete Produkt größer als das in der Grundstoff- oder Verbrauchsgüterindustrie ist.

Die Wirtschaftsstruktur Hamburgs ist immer noch stark maritim geprägt, und die Tradition einer Kaufmanns- und Hafenstadt spiegelt sich in der Bedeutung der einzelnen Wirtschaftsbereiche wider. Sowohl im verarbeitenden Gewerbe als auch im Dienstleistungssektor haben die traditionell maritim orientierten Bereiche (Schiffbau, Mineralöl, Gummi, Groß- und Außenhandel, Schiffahrt/Hafen und Speditionen) im Vergleich zum Bundesgebiet einen hohen Anteil.[19] Schon Anfang der 70er Jahre zeichnete sich die Hamburger Wirtschaft - nach einem Ende der 60er Jahre erfolgten Strukturwandel - durch einen besonders hohen Anteil des Dienstleistungssektors aus. Dies ging mit dem relativ geringen Gewicht des Verarbeitenden Gewerbes einher, das von den traditionellen Seehafenindustrien dominiert wurde.

17 Hamburgische Landesbank (Hrsg.), 1994.

18 Eigene Berechnungen aus: Hamburgische Landesbank (Hrsg.), 1994.

19 Vgl. Krüger/Läpple, 1992.

Mitte der 70er Jahre setzte in der Bundesrepublik eine Strukturkrise ein, die in Hamburg die traditionellen Bereiche sowohl des Verarbeitenden Gewerbes als auch des Dienstleistungssektors traf. Die Bereiche Schiffsbau, Mineralölindustrie, Nahrungs- und Genuß-mittelindustrie sowie Handel und Verkehr verzeichneten starke Beschäftigungsverluste, während einige Wachstumsinseln wie Maschinenbau und EBM-Waren im Verarbeitenden Gewerbe sowie Know-how-intensive Dienstleistungen für Unternehmen im Dienstleistungssektor expandierten.

Der Höhepunkt der Krise war in Hamburg erst Mitte der 80er Jahre erreicht, als die westdeutsche Wirtschaft sich schon wieder in einer Aufschwungphase befand.

Ab 1988 verbesserte sich auch in Hamburg die wirtschaftliche Situation. Dabei fällt auf, daß die Steigerungsraten des BIP wesentlich höher als die der Beschäftigten waren. Erst mit der Währungsunion und der deutschen Einheit trat 1990 eine sprunghafte Erhöhung der Beschäftigung ein. Dies ist hauptsächlich auf neue Arbeitsplätze im Dienstleistungssektor zurückzuführen. Gleichzeitig

sank die Arbeitslosenquote. 1992 betrug sie 7,9 % gegenüber 10,7 % im Jahr 1990.[20]

1993 machte sich die tiefgreifende Rezession in der Bundesrepublik auch in Hamburg bemerkbar. Das BIP fiel 1993 um 1 % gegenüber dem Vorjahr[21], und die Arbeitslosenzahl stieg erstmals seit 1987 wieder an: Für das Jahr 1993 wird für Hamburg eine Arbeitslosenquote von 8,6 % ausgewiesen.[22] Hierfür wird neben dem Stellenabbau im Verarbeitenden Gewerbe, im Handel und im Verkehrsbereich auch die abnehmende Beschäftigungsdynamik bei den privaten Dienstleistungsunternehmen verantwortlich gemacht.

2. Die Entwicklung der Hamburger Medienwirtschaft in den 80er Jahren

Nach einem Aufschwung in den 70er Jahren durchlebte die Hamburger Medienwirtschaft in der ersten Hälfte der 80er Jahre eine Phase der Stagnation. Die Anzahl der sozialversicherungspflichtig

20 Statistisches Landesamt Hamburg, 1992b.

21 Hamburgische Landesbank, 1994.

22 Hamburgische Landesbank, 1993; Mitteilung des Arbeitsamtes Hamburg.

Beschäftigten in diesem Bereich lag, mit geringfügigen Schwankungen, zwischen 1983 und 1986 bei 30.000 Beschäftigten[23], und der Umsatz der Hamburger Medienunternehmen nahm zwischen 1984 und 1986 sogar leicht ab, nämlich von 10,3 Mrd. DM auf 9,8 Mrd. DM.[24] Ab 1986 ist jedoch ein eindeutiger Aufwärtstrend der Hamburger Medienwirtschaft zu erkennen. Die Anzahl der sozialversicherungspflichtig Beschäftigten stieg zwischen 1986 und 1993 fortlaufend von 30.000 auf 38.000[25] und der Umsatz der Hamburger Medienunternehmen nahm zwischen 1986 und 1992 von 9,8 Mrd. DM auf 17,1 Mrd. DM zu.[26]
Die Anzahl der Hamburger Medienunternehmen weist dagegen schon von Beginn unseres Erhebungszeitraums hohe Zuwachsraten auf. Sie stieg zwischen 1984 und 1992 von 3.043 auf 4.858.[27]

23 Landesarbeitsamt Nord, 1992b.

24 Statistisches Landesamt Hamburg, 1986 und 1988. Die Untersuchungen der Handelskammer belegen, zumindest was die Beschäftigten betrifft, einen ähnlichen Trend: Zwischen 1980 und 1985 fiel deren Anzahl von 25.650 auf 24.700 (Plath, 1985).

25 Landesarbeitsamt Nord, 1993b, ergänzt um eine Schätzung der sozialversicherungspflichtig Beschäftigten im Audiobereich (vgl. Kap. VI.1) sowie Statistisches Landesamt Hamburg, unveröffentlichte Daten. Die Zahlen der Statistik der sozialversicherungspflichtig Beschäftigten müssen, wie schon in der Einleitung erläutert, nach oben korrigiert werden. Schätzungen gehen davon aus, daß von den in der Hamburger Medienwirtschaft tätigen Erwerbspersonen etwa 8 % tätige Inhaber sind (vgl. Richert/Thiel/Weilepp, 1987, S. 115 f.) sowie etwa 7.500 Personen ständig und 20.000 Personen gelegentlich als freie Mitarbeiter in der Hamburger Medienwirtschaft arbeiten (vgl. Richert/Thiel/Weilepp, 1987, S. 119). Die dort angegebene Zahl dürfte sich in der Zwischenzeit noch vergrößert haben.

26 Statistisches Landesamt Hamburg, 1988 und 1993; Statistisches Landesamt Hamburg, unveröffentlichte Daten. Dieser Aufwärtstrend tritt bei Untersuchungen der Handelskammer Hamburg noch deutlicher zutage. Dort wird zwischen 1985 und 1991 eine Steigerung der Beschäftigten von 24.700 auf 48.600 und des Umsatzes von 15 Mrd. DM auf 39 Mrd. DM manifestiert (Plath, 1985 und 1993).

27 Statistisches Landesamt Hamburg, 1986; Statistisches Landesamt Hamburg, unveröffentlichte Daten.

Einen Überblick über die Entwicklung der Beschäftigten, Anzahl der Unternehmen und Umsatz (real)[28] der Hamburger Medienwirtschaft gibt das folgende Schaubild.

Abb. 1: Die Entwicklung wichtiger Indikatoren in der Hamburger Medienwirtschaft (1984=100)

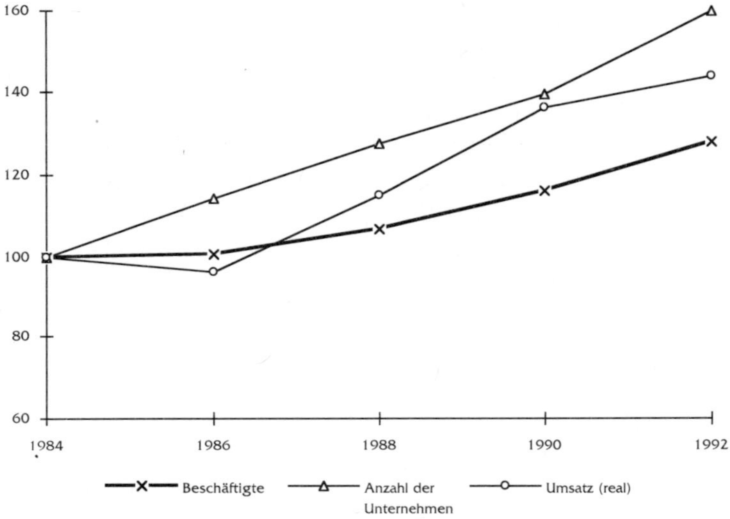

Quellen: Statistisches Landesamt Hamburg, eigene Schätzungen

Anfang der 80er Jahre verlief die Entwicklung der Hamburger Medienwirtschaft damit parallel zu der gesamtwirtschaftlichen Entwicklung Hamburgs. Nimmt man 1983 als Basisjahr, so betrug die Beschäftigung 1986 in der Hamburger Medienwirtschaft 99 %, und in der gesamten Hamburger Wirtschaft 98 %.[29] Für den Umsatz (Basisjahr 1984) ergeben sich für die Medienunternehmen 95 % und für die gesamte Hamburger Wirtschaft 91 %.[30]
Für den Zeitraum bis 1986 fällt weiterhin auf, daß die Hamburger Medienwirtschaft nicht an der leicht positiven Entwicklung der Medienwirtschaft auf Bundesebene teilhaben konnte. Dort wurde

28 Zur Deflationierung wurde die Inflationsrate herangezogen.

29 Eigene Berechnungen aus: Landesarbeitsamt Nord, 1992b.

30 Eigene Berechnungen aus: Statistisches Landesamt Hamburg, 1986 u. 1988.

zwischen 1983 und 1986 eine Steigerungsrate von 4,8 % bei den Beschäftigten[31] und zwischen 1984 und 1986 eine Steigerungsrate von 9,7 % beim Umsatz[32] erzielt.
Ab 1986 erholte sich die Hamburger Wirtschaft insgesamt, jedoch ist dieser positive Trend bei dem Bereich Medienwirtschaft wesentlich ausgeprägter. So stieg die Anzahl der sozialversicherungspflichtig Beschäftigten in der Hamburger Medienwirtschaft zwischen 1986 und 1993 um 27,0 %, während die Zunahme über alle Wirtschaftszweige hinweg nur 9,5 % betrug.[33] Während die Beschäftigtenentwicklung in Hamburg 1993 zum ersten Mal seit 1985 wieder rückläufig war, nahm die Beschäftigung in der Medienwirtschaft leicht zu. Der Umsatz der Hamburger Medienunternehmen nahm zwischen 1986 und 1992 um 74,7 % zu, während der Umsatz aller Hamburger Unternehmen im gleichen Zeitraum nur um 12,0 % stieg.[34]
Die oben genannten Steigerungsraten der Hamburger Medienwirtschaft belegen außerdem, daß die Hamburger Medienwirtschaft ab 1986 höhere Zuwächse als die Medienwirtschaft im gesamten Bundesgebiet erzielen konnte. Bundesweit betrug die Steigerungsrate für die Beschäftigung zwischen 1986 und 1993 20,3 %[35] und für den Umsatz zwischen 1986 und 1992 - selbst unter Einbeziehung der neuen Bundesländer - nur 64,4 %.[36]

31 Eigene Berechnung aus: Bundesanstalt für Arbeit, 1984 und 1987.

32 Eigene Berechnung aus: Statistisches Bundesamt, 1986 und 1989.

33 Eigene Berechnungen aus: Landesarbeitsamt Nord, 1993b; Statistisches Landesamt Hamburg, unveröffentlichte Daten.

34 Eigene Berechnungen aus: Statistisches Landesamt Hamburg, 1988; Statistisches Landesamt Hamburg, unveröffentlichte Daten.

35 Eigene Berechnung aus: Bundesanstalt für Arbeit, 1987.

36 Eigene Berechnung aus: Statistisches Bundesamt, 1988.

Abb. 2: Die Entwicklung der Anzahl der sozialversicherungspflichtig Beschäftigten der Medienwirtschaft in Hamburg und im Bundesgebiet (alte Bundesländer) (1983=100)

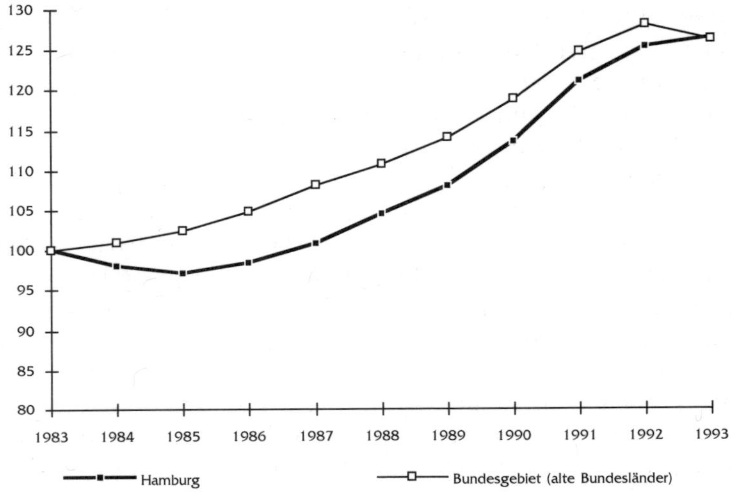

Quellen: Landesarbeitsamt Nord, Bundesanstalt für Arbeit, Statistisches Landesamt Hamburg, eigene Schätzungen

Abb. 3: Die Entwicklung des Umsatzes in der Medienwirtschaft in Hamburg und im Bundesgebiet (1984=100)

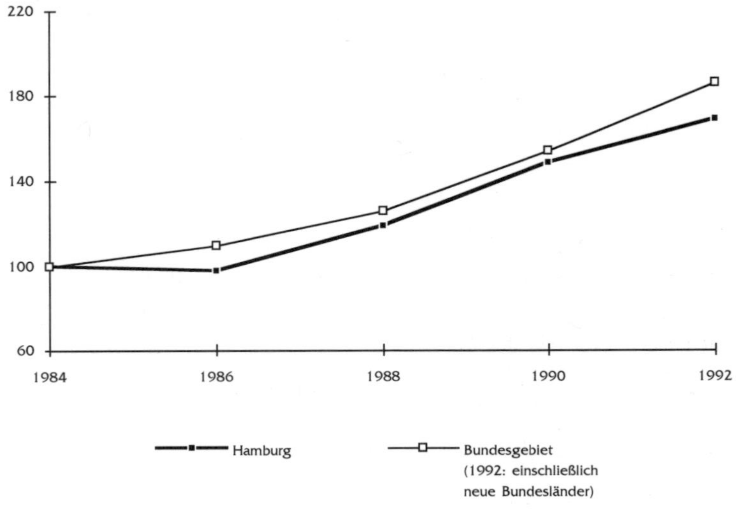

Quellen: Statistisches Landesamt Hamburg, Statistisches Bundesamt

Der Stellenwert der Hamburger Medienwirtschaft, der zum großen Teil Dienstleistungen umfaßt, war schon Anfang der 80er Jahre - analog zu dem überdurchschnittlich hohen Gewicht des Dienstleistungssektors in Hamburg - größer als im Bundesgebiet. Soweit vergleichbare Statistiken vorliegen, ergeben sich folgende Relationen: 1983 betrug der Anteil der in der Medienwirtschaft sozialversicherungspflichtig Beschäftigten in Hamburg 3,9 %[37] gegenüber 2,1 % im Bundesgebiet[38]. Entsprechende Anteile für den Umsatz ergaben sich 1984 mit 3,3 % in Hamburg[39] gegenüber 2,5 % bundesweit.[40]

Ab 1986 führten dann die überdurchschnittlich hohen Wachstumsraten des Mediensektors in Hamburg wie im gesamten Bundesgebiet zu seinem zunehmenden Stellenwert. Schwankte zwischen 1983 und 1986 der Anteil der in der Hamburger Medienwirtschaft sozialversicherungspflichtig Beschäftigten an der Summe aller in Hamburg sozialversicherungspflichtig Beschäftigten noch um 3,9 %, so stieg er ab 1986 kontinuierlich auf 4,6 % (1993) an[41] und ist damit fast doppelt so hoch wie im Bundesgebiet mit 2,4 %.[42] Auch der Umsatzanteil der Medienwirtschaft am Gesamtumsatz 1992 ist in Hamburg mit 4,6 %[43] wesentlich höher als im Bundesgebiet mit 2,7 %.[44]

37 Eigene Berechnung aus: Landesarbeitsamt Nord, 1992b; hier zwecks Vergleichbarkeit ohne die Musikstudios, Tonträgerhersteller und -vertriebsunternehmen (vgl. dazu Kap. VI.1).

38 Eigene Berechnung aus: Bundesanstalt für Arbeit, 1984, ohne Musikstudios, Tonträgerhersteller und -vertriebsunternehmen.

39 Eigene Berechnung aus: Statistisches Landesamt Hamburg, 1986.

40 Eigene Berechnung aus: Statistisches Bundesamt, 1986.

41 Eigene Berechnungen aus: Landesarbeitsamt Nord, 1992b; Statistisches Landesamt Hamburg, unveröffentlichte Daten. Hinsichtlich der Bedeutung des Bereiches Medienwirtschaft für die Hamburger Wirtschaft kommt die Handelskammer sogar zu folgendem Schluß: Die Hamburger Medienwirtschaft "ist nach dem Groß- und Einzelhandel sowie dem produzierenden Gewerbe drittgrößter Umsatzträger und viertgrößter Arbeitgeber der Hansestadt - hinter dem produzierenden Gewerbe, dem Einzelhandel sowie dem Groß- und Außenhandel." (Plath, 1993, S. 8).

42 Eigene Berechnungen aus: Bundesanstalt für Arbeit, 1993.

43 Eigene Berechnung aus: Statistisches Landesamt Hamburg, unveröff. Daten.

44 Eigene Berechnung aus: Statistisches Bundesamt, 1992.

3. Die Rolle der Politik

3.1 Medienpolitik als Standortpolitik

Wie bereits in der Einleitung ausgeführt wurde, gilt die Medienwirtschaft als ein attraktiver Wirtschaftsbereich, vor allem unter beschäftigungspolitischen Aspekten. Deshalb bemühen sich Länder und Regionen in Europa in den letzten Jahren verstärkt um die Ansiedlung von Medienunternehmen und versuchen mit Hilfe der staatlichen Politik, ihre traditionelle Stellung als Medienzentrum zu halten oder auszubauen bzw. sich als Medienstandort neu zu konstituieren.
Auf nationaler wie auf internationaler Ebene ist es so zu einem Wettbewerb der Städte und Regionen um Medienunternehmen gekommen, der Analogien zum Wettlauf um die Ansiedlung alter Industrien in vergangenen Zeiten aufweist.[45] Auch Hamburg beteiligt sich mit einer an wirtschaftlichen und standortpolitischen Gesichtspunkten ausgerichteten Medienpolitik an diesem Wettstreit.

Bevor näher auf die Hamburger Medienpolitik eingegangen wird, sollen zunächst die Waffen eines solchen Wettkampfes vorgestellt werden.

3.1.1 Politische Maßnahmen zur Förderung von Medienstandorten

In Deutschland ist die Medienpolitik aufgrund der föderalistischen Struktur hauptsächlich Bestandteil des Wettbewerbs unter den Bundesländern. Mit Hilfe eines vielfältigen Anreizinstrumentariums versuchen diese, Medienunternehmen zur Ansiedlung oder dem Verbleib in ihrer Region zu bewegen. Hierzu gehören eine für Medienunternehmen vorteilhafte Ausgestaltung rechtlicher Rahmenbedingungen, Subventionen und (bedingt rückzahlbare) Kredite, die Schaffung einer Infrastruktur für die Medienwirtschaft, die Imagepflege der Stadt/Region als Medienstandort und die Verbesserung der Aus- und Weiterbildungssituation im Medienbereich. Im folgenden werden die einzelnen Punkte näher erläutert.

45 In der Medienpolitik trat dabei die Kulturkomponente gegenüber standortpolitischen Argumenten immer mehr in den Hintergrund. Hoffmann-Riem spricht in diesem Zusammenhang von einer "Ökonomisierung der Medienpolitik" (Hoffmann-Riem, 1987, S. 13).

Während die Landespressegesetze bundesweit übereinstimmende Rahmenbedingungen festlegen und damit keinerlei Bedeutung für Standortentscheidungen der Verlage haben, beinhalten die Landesmediengesetze unterschiedliche Zutritts- und Wettbewerbsbedingungen für Rundfunkveranstalter. Dabei spielt die Reichweite und Menge der von den Landesmedienanstalten vergebenen Frequenzen eine entscheidene Rolle bei der Wahl des Unternehmenssitzes.[46]

Die Filmförderungsprogramme der Bundesländer sind ein Beispiel dafür, wie diese es versuchen, mit Hilfe von Subventionen Medienstandorte in ihrem Hoheitsgebiet zu fördern. In den 80er Jahren stockten die Bundesländer im Wettbewerb um die Ansiedlung von Filmproduktionsgesellschaften ihre Subventionsprogramme ständig auf.[47]

Zur Förderung der Infrastruktur gehört die von den Ländern bzw. Städten betriebene Organisation eines Geflechts von medienwirtschaftlichen Beziehungen. Dies reicht von der Einrichtung von sogenannten Medienbüros, die Kontakte zu anderen Behörden (z.B. bei Bebauungsfragen) und Medienunternehmen (z.B. bei der Suche nach Dienstleistern) vermitteln, bis hin zur Errichtung von Medienzentren.[48]

46 Eines der jüngsten Beispiele hierfür ist die Entscheidung des Fernsehveranstalters RTL 2, seinen Standort von Köln nach München zu verlegen. Um das Unternehmen von Köln wegzulocken, hat die baden-württembergische Landesmedienanstalt ihm drahtlose TV-Frequenzen in mehreren Ballungsräumen wie Stuttgart und Mannheim angeboten, darunter sogar einige noch von den öffentlich-rechtlichen Anstalten benutzte (vgl. Süddeutsche Zeitung vom 9. Juli 1993). Die Bayerische Landeszentrale für neue Medien machte jedoch ein noch attraktiveres Frequenzangebot, indem sie RTL 2 eine weitgehend terrestrische Verbreitung zusagte (vgl. Süddeutsche Zeitung vom 15. Juli 1993).

47 Allein der Etat der Filmstiftung Nordrhein-Westfalen war 1992 mit 40 Mio. DM genauso groß wie der als bundesweiten Zentralstelle fungierenden Filmförderungsanstalt (FFA) in Berlin. Dazu kommen noch 4 Mio. DM des für die kulturelle Filmförderung zuständigen Filmbüros Nordrhein-Westfalen. In Bayern standen 1993 25 Mio. DM für Filmförderung zur Verfügung. In Berlin betrug der Jahresetat für die Filmförderung 1993 23 Mio. DM. Das im Februar 1994 gegründete Filmboard Berlin-Brandenburg soll jährlich 40 Mio. DM erhalten. In Hamburg liegen die Fördermittel bei etwa 16 Mio. DM.

48 Das ehrgeizigste Projekt dieser Art ist der MediaPark in Köln. Basierend auf dem Konzept des nordrhein-westfälischen Wirtschaftsministeriums zur Stärkung des Medienstandorts Nordrhein-Westfalen wurde im September 1988 die gemischtwirtschaftliche MediaPark Köln Entwicklungsgesellschaft gegründet, um ein Zentrum für Medienunternehmen zu errichten.

Stadt- und Landesregierungen versuchen auch mit Maßnahmen der Imagepflege ihrer Stadt bzw. Region den Ruf eines Medienstandortes und damit ein gutes Klima für Medienunternehmen zu schaffen. Hierzu gehören die Austragung von medienspezifischen Kongressen, Festivals und Messen, wie die Münchner Medientage, die Filmfestspiele in Berlin und die Pop Komm in Köln.
Zu dem Image einer Medienstadt gehört auch die Existenz von medienrelevanten Ausbildungseinrichtungen, die für die ansässigen Medienunternehmen vor allem aber auch einen Wert an sich darstellen, da durch die räumliche Nähe der Kontakt zu potentiellen Mitarbeitern erleichtert wird.

3.2 Medienpolitik in Hamburg

Schon in der Rede des Ersten Bürgermeisters Klaus von Dohnanyi vor dem Überseeclub im November 1983 wurde Maßnahmen, die den Wirtschaftsstandort Hamburg unterstützten, eine vorrangige Rolle zugemessen. Dabei betonte von Dohnanyi, daß der Medienbereich einer der wichtigsten einzelnen Wirtschaftszweige für Hamburg sei. Allerdings befürchtete er durch die zunehmende Bedeutung elektronischer Medien negative Auswirkungen auf die von den Printmedien dominierte Medienwirtschaft, falls Hamburg sich nicht auch um die Ansiedlung von privaten Rundfunkanstalten bemühe.[49]

3.2.1 Die Ausgestaltung rechtlicher Rahmenbedingungen

Standortpolitische Argumente spielten insbesondere bei der Ausarbeitung des Hamburger Mediengesetzes eine wichtige Rolle. Sie begründeten die konsequente Wende in der Haltung der Hamburger SPD zum privaten Rundfunk von der Ablehnung hin zur Unterstützung.[50]

49 Er führte aus: "Die neuen Entwicklungen gefährden mit Sicherheit eine erhebliche Anzahl heute bestehender Arbeitsplätze. Sie schaffen aber auch neue. Wer die Einwirkungen der neuen Übertragungstechniken auf seine Region nicht abwehren kann, sich aber gegenüber diesen neuen Entwicklungen ausschließlich negativ verhält, wird wahrscheinlich die sozialen Folgen der neuen Übertragungstechniken ... ungeschmälert zu tragen haben. Die neuen Arbeitsplätze für die Produktion elektronischer Programme werden sich eher an anderer Stelle ansiedeln." (Vgl. von Dohnanyi, 1984, S. 6.)

50 Im Januar 1984 äußerte sich v. Dohnanyi in einer Art Grundsatzerklärung zu den Neuen Medien: "Was Hamburg betrifft, so muß die Stadt darauf achten, daß der innere

Das Arbeitsplatzargument war auch bei dem von Teilen der Hamburger Medienwirtschaft ausgehenden politischen und wirtschaftlichen Druck auf die Ausgestaltung des Landesmediengesetzes entscheidend. Die Zeitschriften- und Zeitungsverlage, vor allem der Axel-Springer-Verlag[51], forderten ein Landesmediengesetz für den privaten Rundfunk, das den Verlagen Beteiligungen am privaten Rundfunk gestattete.
Dementsprechend wurden in dem am 27.11.1985 mit den Stimmen der SPD-Mehrheit verabschiedeten Hamburger Mediengesetz den privaten Rundfunkveranstaltern in Hamburg ähnlich gute Startchancen gegeben wie in den CDU-regierten Nachbarländern. Den privaten Anbietern wurden keine weitgehenden Auflagen und Verpflichtungen auferlegt, und die Großverlage wurden nicht von Beteiligungen an privaten Anbietern ausgeschlossen.
Auch das Gesetz über die Zuweisung von technischen Übertragungskapazitäten im Rundfunk vom 27. April 1993 stellt auf die Stärkung des Medienstandorts Hamburg ab. Die Produktion der Programme in Hamburg gilt dabei als ein vorrangiges Kriterium bei der Zulassung von privaten Rundfunkanbietern.[52]

3.2.2 Subventionen und Kredite

In Hamburg hat es in den letzten Jahren auch verstärkt monetäre Anreize zur Förderung der Medienwirtschaft gegeben. Dabei fällt auf, daß ab 1986 Programme speziell für die Medienwirtschaft konzipiert wurden. Zuvor nutzten die Unternehmen der Medienbranche allein die für alle Wirtschaftszweige geltenden Regelprogramme im Rahmen der allgemeinen Wirtschaftsförderung, Bürgschaftskredite und die Filmförderung.

Wandel der Medienwirtschaft von den klassischen Printmedien zu einem stärkeren Anteil der elektronischen Medien den Standort Hamburg nicht beschädigt. Hamburg muß daher auch im Bereich der neuen elektronischen Medien bedeutsamer Standort in der Bundesrepublik Deutschland sein. Dies führt zu der Notwendigkeit, die Entwicklung der neuen Übertragungstechniken nicht abzuwehren, sondern politisch zu gestalten." (Vgl. von Dohnanyi, 1984, S. 1)

51 Der Axel Springer Verlag drohte, seine Aktivitäten im elektronischen Medienbereich nach München oder Stuttgart zu verlagern, wenn Hamburg keine Rechtsgrundlage für die von ihm dominierte Gesellschaft "Aktuell-Presse-Fernsehen" (APF) schaffen würde.

52 Vgl. § 23 u. § 27 des Gesetzes über die Zuweisung von technischen Übertragungskapazitäten im Rundfunk.

Zur Zeit gelten in Hamburg drei Regelprogramme für Investitionen bis zu 2,3 Mio. DM, in deren Rahmen ausschließlich Zuschüsse vergeben werden. Im einzelnen sind dies das Mittelstandsförderungs-, das Existenzgründungs- und das Innovationsförderungsprogramm. Mit diesen Regelprogrammen werden im wesentlichen die Ansiedlung von auswärtigen Unternehmen, die Gründung von Unternehmen und die wesentliche Erweiterung von Unternehmen finanziell unterstützt.[53]

Des weiteren gibt es ein Programm zur Förderung von Markterschließungsmaßnahmen kleiner und mittlerer Unternehmen, kurz Messeförderung genannt. Darin wird die Messe-Teilnahme von Unternehmen mit weniger als 250 Beschäftigten und 50 Mio. DM Umsatz gefördert. Die Förderung von Buchverlagen nach diesem Programm fällt jedoch vergleichsweise niedrig aus. Zwischen 1990 und Mai 1993 wurden nach Angabe der Wirtschaftsbehörde insgesamt neun Verlage mit insgesamt etwa 50.000-60.000 DM bezuschußt.

Interessanter für Medienunternehmen ist die Förderung durch die

Bürgschaftsgemeinschaft Hamburg GmbH.[54] Diese übernimmt Ausfallbürgschaften für Darlehen (und Kredite) von Geldinstituten, die an kleine und mittlere Unternehmen sowie an in der Wirtschaft tätige Angehörige freier Berufe für einen als sinnvoll eingeordneten unternehmerischen Zweck gegeben werden. Diese Ausfallbürgschaften erleichtern bzw. machen es erst möglich, daß von den Banken als besonders risikobehaftet eingeschätzte kleine und mittelgroße Medienunternehmen Kredite erhalten.

1992 wurden insgesamt 38 Ausfallbürgschaften an Medienunternehmen übernommen, und zwar 15 an Unternehmen im Bereich Werbung in Höhe von ca. 800.000 DM, 20 an Unternehmen aus dem Bereich audiovisuelle Medien in Höhe von ca. 4,9 Mio. DM, zwei an Unternehmen aus dem Bereich Printmedien und eine Ausfallbürgschaft an ein Unternehmen aus der Musikwirtschaft in Höhe von 80.000 DM. Der Bestand an Ausfallbürgschaften für Medienunternehmen betrug 1992 18 Mio. DM, was ca. 5,5 % aller Ausfallbürgschaften ausmacht.[55]

53 Nähere Angaben zur Ausrichtung der Programme bei Ziethen, 1987, S. 63 ff.

54 Diese ist zwar eine privatrechtlich organisierte Selbsthilfeeinrichtung der Hamburger Wirtschaft. Die Stadt Hamburg ist aber durch Rückbürgschaften und Zuwendungen zur Stärkung der Haftkapitalbasis finanziell engagiert.

55 Vgl. Bürgschaftsgemeinschaft, 1993, S. 12.

1986 wurden zwei Sonderprogramme, nämlich das "Medien- und Kommunikationstechnik Förderprogramm" und das Programm "Kleine Buchverlage", speziell für Medienunternehmen konzipiert.
Das Medien- und Kommunikationstechnik Förderprogramm, das im März 1993 in Medienförderprogramm umbenannt wurde, wendet sich direkt an kleine und mittlere Medienunternehmen, allerdings nur an solche, in denen TV-, Funk-, Film-, Video- oder Musikproduktionen hergestellt oder technisch bearbeitet werden. Gefördert werden die gleichen Investitionen wie in den Regelprogrammen, nämlich Existenzgründungen, wesentliche Erweiterungen, Verlagerungen und Neuansiedlung von Unternehmen.
Bis März 1993 war dabei im Gegensatz zu den Regelprogrammen keine Investitionsobergrenze vorgesehen; der maximale Zuschußbetrag war lediglich auf 400.000 DM festgesetzt worden. In Anlehnung an die Regelprogramme wurde im März 1993 jedoch eine Investitionsobergrenze in Höhe von 2,3 Mio. DM eingeführt und der maximale Zuschuß von 400.000 auf 196.000 DM gesenkt.[56]
Die folgende Tabelle gibt Aufschluß über erfolgreiche Inanspruchnahmen des Förderprogramms.

Tabelle 1: Bewilligungen nach dem Medien- und Kommunikationstechnik-Förderprogramm 1986 bis 1993

Jahr	Bewilligungen	Zuschußsumme in 1.000 DM
1986 (Anlaufjahr)	3	65
1987	13	250
1988	7	130
1989	14	480
1990	9	223
1991	14	226
1992	10	219
1993	12	303
Insgesamt	82	1.896

Quellen: Freie und Hansestadt Hamburg: Hamburger Mittelstandsbericht und Angaben der Wirtschaftsbehörde Hamburg.

56 Nach Angaben der Wirtschaftsbehörde waren dafür nicht Einsparungsgründe verantwortlich. Vielmehr habe die Praxis gezeigt, daß die Investitionen - entgegen den Erwartungen bei der Einführung des Programms - in der Regel 2 Mio. DM nicht überschritten hätten.

Ebenfalls 1986 wurde das Programm "Kleine Buchverlage" initiiert, das im März 1993 auf Theater- und Musikverlage ausgeweitet wurde.[57] Dahinter steht der Gedanke, daß das bei den Regelprogrammen und im Medienförderungsprogramm angewandte Prinzip der Investitionsförderung unter Ausschluß von Betriebsmittelfinanzierungen in der Verlagsbranche nicht angewendet werden kann, da ein Großteil der dort getätigten Investitionen in dem Erwerb von Rechten besteht.

Die Kostenobergrenze bei diesem Programm beträgt 500.000 DM, die maximale Zuschußhöhe 49.000 DM. Die folgende Tabelle gibt Aufschluß über erfolgreiche Inanspruchnahmen des Programms:

Tabelle 2: Bewilligungen nach dem Sonderprogramm Kleine Buchverlage 1986 bis Mai 1993

Jahr	Bewilligungen	Zuschußsumme in 1.000 DM
1986 (Anlaufjahr)	5	72
1987	6	86
1988	1	18
1989	2	14
1990 bis Mai 1993	4	226
Insgesamt	18	416

Quellen: Freie und Hansestadt Hamburg, o. J. und Angaben der Wirtschaftsbehörde Hamburg.

Auch in der Filmförderung spielen wachstums- und beschäftigungspolitische Aspekte eine wichtige Rolle.

In Hamburg ist die Filmförderung in die Bereiche wirtschaftliche Filmförderung und kulturelle Filmförderung aufgeteilt.[58] Erstere erfolgt durch den Film Fonds Hamburg (bis 1988: Filmförderungsausschuß), während für die kulturelle Filmförderung das Hamburger Filmbüro zuständig ist.

57 Nicht gefördert werden Verlage, die von politischen Parteien oder Religionsgemeinschaften abhängig sind oder die im wesentlichen Erzeugnisse, die der Werbung dienen, oder Sammel- oder Nachschlagewerke verlegen, ferner Verlage mit mehr als 100 Beschäftigten und über 20 Mio. DM Jahresumsatz.

58 Im Herbst 1994 wurde die Zusammenlegung der wirtschaftlichen und kulturellen Filmförderung in eine GmbH beschlossen.

Die wirtschaftliche Filmförderung, die sich sowohl an in- wie ausländische Produzenten für programmfüllende Kinofilme richtet, existiert seit 1982. Die Sicherung bzw. Schaffung von Arbeitsplätzen in der Hamburger Filmwirtschaft wird neben der Ermöglichung von vielfältigen und qualitativ hochwertigen Filmproduktionen als ein wichtiges Ziel der wirtschaftlichen Filmförderung genannt. Deshalb ist die Vergabe der bedingt rückzahlbaren Zuwendungen an die Bedingung geknüpft, einen großen Teil des Budgets in Hamburg auszugeben und somit Aufträge an Hamburger Dienstleister im audiovisuellen Bereich zu vergeben.[59]

Die wirtschaftliche Filmförderung soll auch vergleichbare Wettbewerbsbedingungen für die Hamburger Filmwirtschaft sichern. Um im Wettbewerb der Länder im Bereich Filmförderung zu bestehen, wurden die konkreten Bedingungen 1992 etwas gelockert:

Während die alte Richtlinie vorschrieb, daß im Regelfall mindestens ein Betrag in Höhe von 50 % der Herstellungskosten in Hamburg ausgegeben werden müsse, sieht die neue Richtlinie dafür einen Betrag in Höhe des Eineinhalbfachen der Fördersumme (in Ausnahmefällen nur die Fördersumme) vor.

Attraktiver und flexibler fielen auch die Bestimmungen über die Höhe der Fördermittel aus. Während die alte Richtlinie den Anteil der Fördermittel auf 30 % der Herstellungskosten begrenzte und die gewährten Fördermittel i.d.R. 500.000 DM nicht überschritten, sieht die neue Richtlinie in besonderen Fällen Fördermittel in Höhe von bis zu 50 % der Herstellungskosten, maximal 4 Mio. DM, vor.[60]

Bis Ende 1993 wurde die Förderung von 113 Filmprojekten mit einem Gesamtvolumen von rund 54 Mio. DM bewilligt. Davon erhielten 41 Projekte ebenfalls eine Förderung durch das Hamburger Filmbüro.[61] Das jährliche Budget bewegt sich zur Zeit zwischen 7 und 9 Mio. DM.[62]

59 Gegenüber dieser Bedingung tritt die Bedingung, daß der geförderte Film wirtschaftlichen Erfolg in den Kinos erwarten lasse, in den Hintergrund. So betrug die Rückflußquote der Fördersumme bisher auch nur ca. 10 % (Gespräch mit Helga Jensen und Christian Peters am 10. Juni 1993).

60 Vgl. Bürgerschaft der Freien und Hansestadt Hamburg, 1986, S. 3 und Film Fonds Hamburg, 1992, S.11.

61 Auskunft von Helga Jensen.

Im Mittelpunkt der kulturellen Filmförderung, für die die Kulturbehörde zuständig ist, stehen dagegen weniger arbeitsplatzorientierte Interessen. Vorrangiges Ziel ist vielmehr die "Belebung der unabhängigen Filmkultur im Hamburger Raum." Dabei sollen in erster Linie kulturpolitische Akzente gesetzt werden. Die kulturelle Filmförderung ist im Gegensatz zur wirtschaftlichen oft eine Anfangsfinanzierung und soll den Filmemachern helfen, auf Grundlage einer Förderungszusage weitere Finanzierungsquellen zu erschließen. Das Budget beträgt zur Zeit etwa 7 bis 9 Mio. DM im Jahr.

3.2.3 Maßnahmen zur Verbesserung der Infrastruktur in der Medienwirtschaft

Durch die Harmonisierung gesetzlicher Regelungen im Zuge des europäischen Binnenmarktes sind den Ländern immer mehr die Hände für Standortpolitik, regionale Förderung und Subventionsvergaben gebunden. Außerdem ist es fraglich, inwieweit wirtschaftliche Hilfestellungen wirklich entscheidend für die Ansiedlung von Unternehmen in Hamburg sind oder ob solche Förderungen nicht eher als Zubrot betrachtet werden.

Vor diesem Hintergrund stellten Verbesserungen der medienwirtschaftlichen Infrastruktur durch städtische Institutionen, nicht zuletzt auch als Zeichen, die wichtige Rolle der Hamburger Medienunternehmen für Hamburg erkannt zu haben, eine wichtige und notwendige Ergänzung der oben genannten Maßnahmen dar.
Mit der Einsetzung eines Medienwirtschaftsbeauftragten Anfang der 80er Jahre und in der Nachfolge der Einrichtung des Arbeitsstabes Medienwirtschaft[63] bei der Senatskanzlei nach den Bürgerschaftswahlen 1991 wurde den Medien signalisiert, daß die Stadt Hamburg sie als wirtschaftliche und kulturelle Kraft ernst nimmt. Ein wichtiges Ziel des Arbeitsstabes ist es, das Verhältnis zwischen den Hamburger Medienunternehmen und der Hamburger Verwaltung, das noch Mitte der 80er Jahre in der Studie "Medienplatz Hamburg" als wichtiger negativer Standortfaktor von den Medienunternehmen beklagt wurde[64], zu verbessern und den Unternehmen

62 Gespräch mit Helga Jensen und Christian Peters am 10. Juni 1993.

63 Der Arbeitsstab Medienwirtschaft wurde als zentrale Anlauf- und Koordinierungsstelle für die Medienwirtschaft eingerichtet. Sie ist für die drei Bereiche Zeitschriften und Zeitungen, Werbung/PR sowie Fernsehen und Hörfunk zuständig. Ansprechpartner für Buchverlage, Unternehmen der Musikwirtschaft und Designateliers ist die Abteilung Branchenbetreuung in der Wirtschaftsbehörde.

Hilfestellungen bei dem Umgang mit den Behörden zu geben Außerdem sollen in regelmäßigen Gesprächskreisen mit Vertreterr der einzelnen Medienbranchen Probleme rechtzeitig erkannt unc Anregungen aufgegriffen werden. Damit sollen nicht zuletzt auch Kontakte der Hamburger Medienunternehmen untereinander gefördert und ein Beitrag zu einer Verflechtung der Beziehungen zwischen einzelnen Unternehmen geleistet werden.

4. Die Bedeutung der einzelnen Bereiche der Hamburger Medienwirtschaft

Wie schon in der Einleitung erläutert, haben wir die Medienwirtschaft in die vier Bereiche Printmedien, Audiomedien, audiovisuelle Medien und Werbung unterteilt. Bevor in den folgenden Kapiteln jeder Bereich näher untersucht wird, soll an dieser Stelle ein erster Überblick über die Bedeutung der verschiedenen Bereiche gegeben werden (Tab. 3).

Tabelle 3: Bedeutung der verschiedenen Bereiche der Hamburger Medienwirtschaft

Bereich	Anzahl der Unternehmen (1992)	Umsatz (in Mio. DM) (1992)	Beschäftigte (1993)
Print	1.873	9.480	19.600[a)]
Werbung	2.194	3.750	7.700
Audiovisuell	563[b)]	2.860[c)]	6.300[c)]
Audio	157[d)]	2.050[c)]	3.800[e)]
Sonstige	71	40	600
Gesamt	4.858	18.180	38.000

a) Diese Kategorie umfaßt auch die Beschäftigten in Musikverlagen.

b) Inklusive Hörfunk.

c) Zur Erläuterung der Schätzung vgl. Kap. VI.1.

d) Ohne Hörfunk.

e) Die Beschäftigtenstatistik liefert keine Angaben. Zur Erläuterung vgl. Kap. VI.1.

Quellen: Statistisches Landesamt Hamburg, unveröffentlichte Daten; Schätzung des Hans-Bredow-Instituts.

64 Vgl. Hoffmann-Riem, 1987, S. 111 ff.

Abb. 4: Anteile der einzelnen Bereiche am Umsatz der Hamburger Mediendienunternehmen 1992

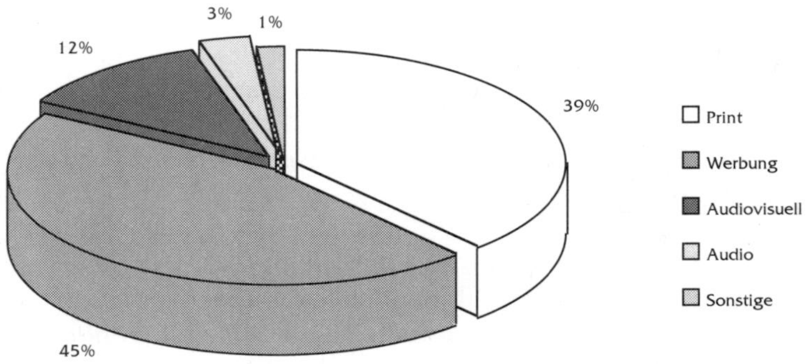

Quelle: Statistisches Landesamt Hamburg

Abb. 5: Anteile der einzelnen Bereiche am Umsatz der Hamburger Medienwirtschaft 1992

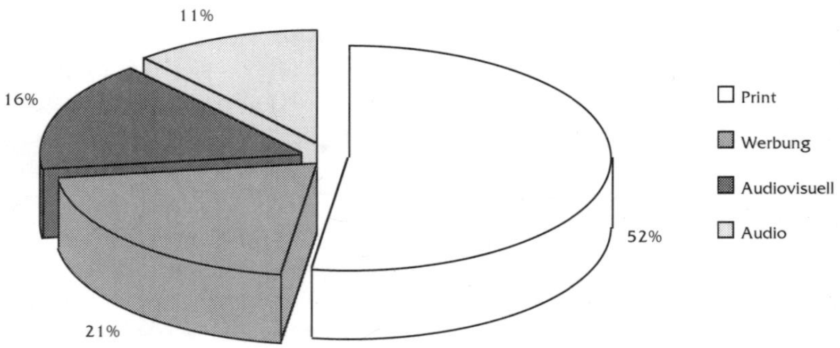

Quelle: Statistisches Landesamt Hamburg

Abb. 6: Anteile der einzelnen Bereiche an den Beschäftigten der Hamburger Medienwirtschaft 1993

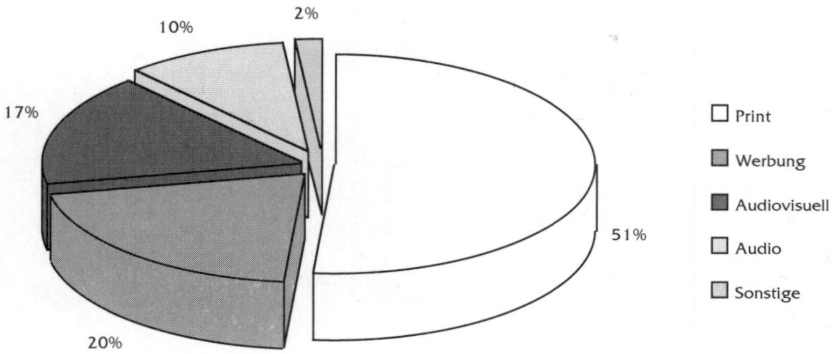

Quelle: Statistisches Landesamt Hamburg

Der Bereich Printmedien ist mit einem Anteil von jeweils über 50 % sowohl von der Anzahl der sozialversicherungspflichtig Beschäftigten als auch vom Umsatz her gesehen der wichtigste Bereich der Hamburger Medienwirtschaft. Die Werbeunternehmen stellen mit einem Anteil von jeweils über 20 % an der Anzahl der sozialversichtungspflichtig Beschäftigten und dem Umsatz den zweitwichtigsten Bereich dar, gefolgt von dem Bereich audiovisuelle Medien und Audiomedien. Hinsichtlich der Anzahl der Unternehmen liegt die in kleineren Einheiten organisierte Werbewirtschaft bereits seit mehreren Jahren vor dem Bereich Printmedien. In Hamburg ergibt sich damit für die einzelnen Bereiche - von ihrem Gewicht innerhalb der Medienwirtschaft gesehen - die gleiche Reihenfolge wie für das gesamte Bundesgebiet (vgl. Tabelle 4). Dort ist der Bereich Printmedien mit einem Anteil von 70,2 % aller in der Medienwirtschaft sozialversicherungspflichtig Beschäftigten und 65,9 % des in der Medienwirtschaft erwirtschafteten Umsatzes nach dominanter als in Hamburg. Dementsprechend geringer ist die Bedeutung der anderen Bereiche.

Tabelle 4: Bedeutung der verschiedenen Bereiche der Medienwirtschaft in der Bundesrepublik 1992

Bereich	Beschäftigte[a)]	Anteil an allen in der Medienwirtschaft Beschäftigten	Umsatz[b)] (in Mrd.)	Anteil am Gesamtumsatz
Print	391.000[c)]	70,2	111,3	64,1
Werbung	72.000	12,9	38,8	22,3
Audiovisuell	53.000[d)]	9,5	16,3[e)]	9,4
Audio	32.000[f)]	5,7	3,6[g)]	2,1
Sonstige	9.000	1,6	3,5	2,0
Gesamt	557.000	100,0	173,5	100,0

a) Alte Bundesländer.

b) Einschließlich neue Bundesländer.

c) Schätzung auf Basis der sozialversicherungspflichtig Beschäftigten abzüglich ge schätzter Anzahl der in Musikverlagen Beschäftigten.

d) Schätzung auf Basis der sozialversicherungspflichtig Beschäftigten in den Katego rien Filmherstellung, Filmtheater, Filmvertrieb (Kategorie 763) und Rundfunk- und Fernsehveranstalter (Kategorie 764) abzüglich geschätzter Anzahl der in Hörfunk anstalten Beschäftigten.

e) Einschließlich Hörfunk.

f) Schätzung auf Basis der sozialversicherungspflichtig Beschäftigten in Tonträgerunternehmen (vgl. Brodbeck/Hummel, 1991, S. 57) zuzüglich geschätzter Anzahl der in Musikverlagen und Hörfunkanstalten Beschäftigten.

g) Ohne Hörfunk.

Quellen: Bundesanstalt für Arbeit, unveröffentlichte Daten; Statistisches Bundesamt, unveröffentlichte Daten.

Die Entwicklung von Anzahl und Umsatz der Unternehmen sowie Anzahl der Beschäftigten der vier Bereiche in Hamburg wird in den Tabellen 5, 6 und 7 dargestellt. Über den Verlauf der jeweiligen Entwicklung geben die Abbildungen 6, 7 und 8 Auskunft.

Tabelle 5: Entwicklung der Anzahl der Unternehmen in den verschiedenen Bereichen der Hamburger Medienwirtschaft

Bereich	Anzahl der Unternehmen 1984	Anzahl der Unternehmen 1992	Steigerungsrate (1984-1992) in %
Print	1.334	1.873	40,4
Werbung	1.307	2.194	67,9
Audiovisuell[a)]	276	563	104,0
Audio[b)]	104	157	51,0
Sonstige	22	71	222,7
Gesamt	3.043	4.858	59,6

a) Inklusive Hörfunk.

b) Ohne Hörfunk.

Quellen: Statistisches Landesamt Hamburg, 1986; Statistisches Landesamt Hamburg, unveröffentlichte Daten.

Abb. 7: Der Entwicklungsverlauf der Anzahl der Hamburger Medienunternehmen

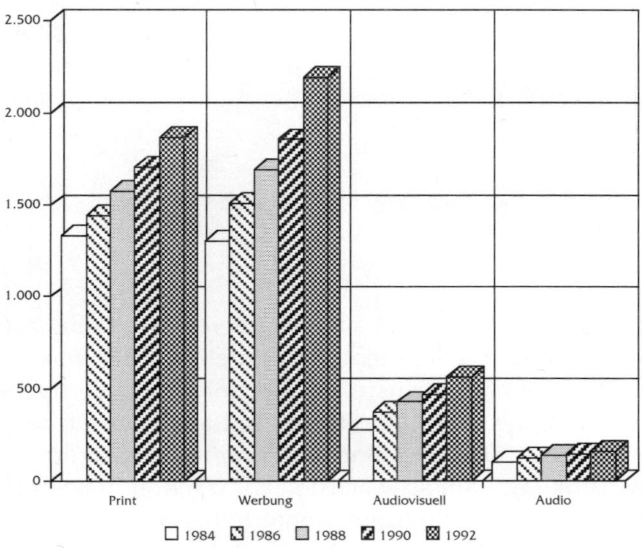

Quelle: Statistisches Landesamt Hamburg

In allen Bereichen ist die Anzahl der Unternehmen über die Jahre hinweg gestiegen. Die höchsten Steigerungsraten sind dabei in den Bereichen audiovisuelle Medien und Werbung zu verzeichnen. Im audiovisuellen Bereich hat sich die Anzahl der Unternehmen im betrachteten Zeitraum mehr als verdoppelt. Der größte absolute Zuwachs mit 887 Unternehmen fand allerdings im Bereich Werbung statt.
Die Bereiche Printmedien und Audiomedien weisen unterdurchschnittliche Steigerungsraten auf. Die Zunahme um 540 Unternehmen im Bereich Printmedien bedeutet hinter dem Bereich Werbung aber immerhin den zweitgrößten positiven Saldo.

Tabelle 6: Entwicklung des Umsatzes in den verschiedenen Bereichen der Hamburger Medienwirtschaft

Bereich	Umsatz (in Mio) 1984	1992	Steigerungsrate (1984-1984) in %
Print	7.350	9.480	29,0
Werbung	1.810	3.750	107,2
Audiovisuell[a)]	690	2.860	314,5
Audio[a)]	900	2.050	127,8
Sonstige	10	40	400,0
Gesamt	10.760	18.180	69,0

a) Ohne NDR.

Quellen: Statistisches Landesamt Hamburg, 1986 und unveröffentlichte Daten; Plath, 1985 und 1993; eigene Schätzungen.

Auch der Umsatz erhöhte sich in allen vier Bereichen. Dabei konnte der Bereich Audiovisuelle Medien mit mehr als der Vervierfachung des Umsatzes die höchste Umsatzsteigerung verbuchen. Die Bereiche Werbung und Audio folgen mit einer Umsatzsteigerung von mehr als 100 %. Der Bereich Printmedien schnitt - wie bei der Beschäftigung - am schwächsten ab. Die dort erzielte Umsatzsteigerung von 29 % liegt nur wenig höher als die über den betrachteten Zeitraum hinweg akkumulierte Preissteigerungsrate von 17,6 %.

Abb. 8: Der Entwicklungsverlauf des Umsatzes der Hamburger Medienunternehmen

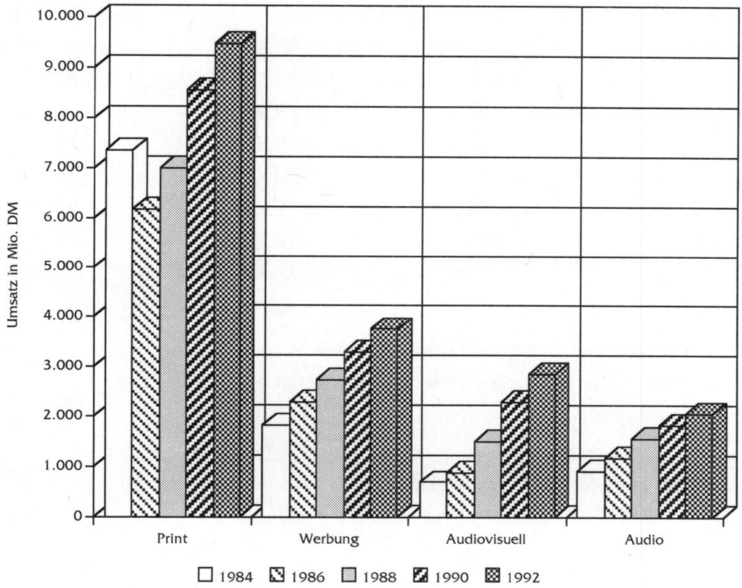

Quelle: Statistisches Landesamt Hamburg

Die Abbildung zeigt, daß die vier Bereiche einen unterschiedlichen Entwicklungsverlauf genommen haben. Während der Bereich Printmedien erst nach einer Abnahme Zuwächse verzeichnet, sind die drei übrigen Bereiche durch stetige Zuwächse gekennzeichnet.

Tabelle 7: Entwicklung der sozialversicherungspflichtig Beschäftigten in den verschiedenen Bereichen der Hamburger Medienwirtschaft

Bereich	Anzahl der sozialversicherungspfl. Beschäftigten 1983	1993	Steigerungsrate in % 1983-1993
Print[a)]	18.900	19.600	3,7
Werbung	4.200	7.700	83,3
Audiovisuell[b)]	4.000	6.300	57,5
Audio[c)]	2.600	3.800	46,2
Sonstige	500	600	21,3
Gesamt	30.200	38.000	25,8

a) Diese Kategorie umfaßt auch die Beschäftigten in Musikverlagen.

b) Ohne Hörfunk (Zur Erläuterung dieser Schätzung: vgl. Kap. VI.1).

c) Inklusive Hörfunk (Vgl. Kap. VI.1).

Quellen: Landesarbeitsamt Nord, 1992b; Statistisches Landesamt Hamburg, unveröffentlichte Daten; eigene Berechnungen bzw. Schätzung.

Im Vergleich zu 1983 erhöhte sich in allen vier Bereichen die Anzahl der sozialversicherungspflichtig Beschäftigten. Am expansivsten zeigte sich dabei der Bereich Werbung mit einer Steigerungsquote von 83,3 %, gefolgt von dem Bereich audiovisueller Medien. Die Steigerungsrate des Bereichs Printmedien lag mit 3,7 % weit unter der der gesamten Medienwirtschaft.

Die vier Bereiche haben einen unterschiedlichen Entwicklungsverlauf genommen. Der Bereich Printmedien mußte - wie beim Umsatz - zunächst Einbußen hinnehmen, bevor er Zuwächse verzeichnen konnte. Im Bereich Werbung wechseln Etappen kleiner Zuwächse mit Etappen großer Zuwächse. Im Bereich audiovisuelle Medien führte eine Stagnation über kleine Zuwächse zu einem bedeutenden Anstieg und der Bereich Audiomedien ist durch die drei aufeinanderfolgenden Phasen Stagnation, Wachstum und Stagnation gekennzeichnet.

Abb. 9: Der Entwicklungsverlauf der Anzahl der Beschäftigten in der Hamburger Medienwirtschaft

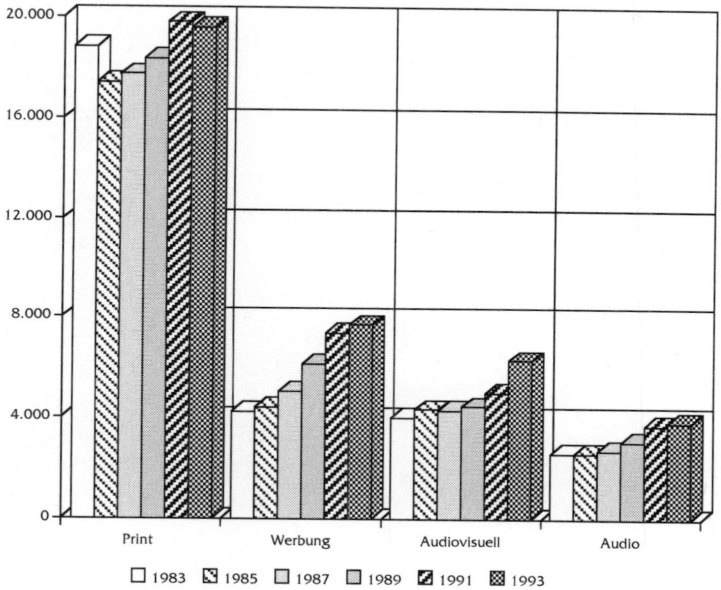

Quellen: Landesarbeitsamt Nord, Statistisches Landesamt Hamburg

III. PRINTMEDIEN

1. Die Entwicklung des Bereichs Printmedien in den 80er Jahren

Der Bereich Printmedien ist sowohl von der Anzahl der Beschäftigten als auch vom Umsatz her der bedeutendste Bereich der Hamburger Medienwirtschaft.
Der Anteil der sozialversicherungspflichtig Beschäftigten im Bereich Printmedien beträgt nach unserer Schätzung 51,6 % (1993).[65] Der Anteil des Umsatzes der Printmedien am Gesamtumsatz beträgt 52,2 % (1992)[66] (vgl. Abb. 5 und 6). Etwas höhere Prozentsätze ergeben sich aus der 1991 von der Handelskammer Hamburg durchgeführten Erhebung, nämlich 60 % für die sozialversicherungspflichtig Beschäftigten und 67 % für den Umsatz.[67]
Der Printbereich war aber gleichzeitig auch derjenige Bereich der Hamburger Medienwirtschaft, der in den 80er Jahren am längsten und am stärksten in einer rezessiven Phase verharrte. In diesen Jahren nahm seine Bedeutung für die Hamburger Medienwirtschaft ab. Während 1983 in Printunternehmen noch 66,1 % aller in Hamburger Medienunternehmen sozialversicherungspflichtig Beschäftigten arbeiteten, waren es 1993 nur noch 51,6 %.[68] Ihr Anteil am Umsatz sank zwischen 1984 und 1992 von 71,3 % auf 52,2 %.[69]
Das folgende Schaubild zeigt die Entwicklung im Bereich Printmedien für Beschäftigte, Anzahl der Unternehmen und Umsatz (real)[70] auf.

65 Die Schätzung beruht auf unveröffentlichten Daten des Statistischen Landesamtes Hamburg.

66 Eigene Berechnung aus: Statistisches Landesamt Hamburg, unveröffentlichte Daten. Dabei ist nicht der Umsatz des Axel Springer Verlages berücksichtigt, der seinen Unternehmenssitz in Berlin hat und 1992 einen Umsatz in Höhe von 3.566 Mio. DM realisierte (Axel Springer Verlag (Hrsg.), 1993).

67 Eigene Berechnung aus: Plath, 1993.

68 Eigene Berechnungen aus: Landesarbeitsamt Nord, 1992b; Statistisches Landesamt Hamburg, unveröffentlichte Daten.

69 Eigene Berechnung aus: Statistisches Landesamt Hamburg, 1986; Statistisches Landesamt Hamburg, unveröffentlichte Daten.

70 Zur Deflationierung wurde die Inflationsrate herangezogen.

Abb. 10: Die Entwicklung wichtiger Indikatoren im Bereich Printmedien

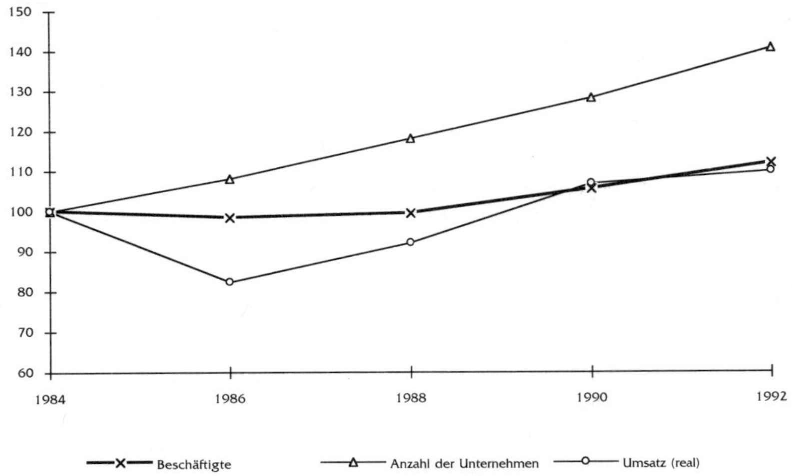

Quellen: Landesarbeitsamt Nord, Statistisches Landesamt Hamburg

Die Anzahl der sozialversicherungspflichtig Beschäftigten im Bereich Printmedien[71] fiel zwischen 1983 und 1985 von 18.859 auf 17.439 und erreichte erst 1990 mit 18.919 wieder den Stand von 1983. Nachdem sie bis auf 20.100[72] im Jahr 1992 angestiegen war, sank sie 1993 auf 19.619.[73]

71 Für die Abbildung der Entwicklung der sozialversicherungspflichtig Beschäftigten haben wir die Wirtschaftszweige Buchbindereien (Kennziffer 433), Druckerei und Vervielfältigung (44), Verlag von Büchern, Broschüren, wissenschaftlichen und unterhaltenden Zeitschriften sowie Zeitungen und anderen Druckerzeugnissen (770), Korrespondenz- und Nachrichtenbüros und selbständige Journalisten (774) berücksichtigt. Unterschiede zu der Umsatzsteuerstatistik ergeben sich insbesondere daraus, daß die Kennziffer 770 auch Musikverlage enthält.

72 Diese Zahl muß neben den tätigen Inhabern vor allem um die Anzahl der freien Mitarbeiter erhöht werden. Eine 1985 vom HWWA durchgeführte Unternehmensbefragung ergab 3.317 ständig und 6.765 gelegentlich freie, überwiegend im inhaltlichen Sektor des Bereichs Printmedien tätige Mitarbeiter (vgl. Richert/Thiel/Weilepp, 1987, S. 118). Inzwischen dürften sich diese Zahlen wesentlich vergrößert haben. Dafür spricht nicht zuletzt die Tatsache, daß von 1988 bis 1993 der Anteil der freien Journalisten an denen aller in den IG Medien organisierten Journalisten von 20 % auf 50 % anstieg (Gespräch mit Ulrike Fürneß am 28.6.1993).

73 Landesarbeitsamt Nord, 1992b und 1993b; Statistisches Landesamt Hamburg, unveröffentlichte Daten. Den Erhebungen der Handelskammer Hamburg zufolge fiel

Eine ähnliche Entwicklung läßt sich aus den Umsatzzahlen ablesen.[74] Der Umsatz der Hamburger Printunternehmen fiel zwischen 1984 und 1986 von 7,4 Mrd. DM auf 6,2 Mrd. DM und lag 1988 mit 7,0 Mrd. DM noch immer unter dem Wert von 1984. Erst 1990 und 1992 wurden mit 8,6 Mrd. DM bzw. 9,5 Mrd. DM Zuwächse gegenüber 1984 realisiert.[75]
Das stetige Ansteigen in der Anzahl der Unternehmen zwischen 1984 und 1992 von 1.334 auf 1. 873[76] ist dabei hauptsächlich auf eine Zunahme der selbständigen Journalisten zurückzuführen.
Die negative Entwicklung des Bereiches Printmedien in Hamburg in den 80er Jahren steht im Gegensatz zu einer leicht positiven Entwicklung auf Bundesebene, wo in diesem Zeitraum sowohl im Umsatz als auch in der Beschäftigung Zuwachsraten erzielt wurden[77], und ist vor allem auf die Verschlechterung der Situation von Unternehmen der Druckindustrie und der Verlage zurückzuführen.

die Anzahl der Beschäftigten in Verlagen und Informationsdiensten zwischen 1980 und 1985 von 15.000 auf 12.000, wobei dieser Rückgang zu einem großen Teil darauf zurückzuführen ist, daß der Axel Springer Verlag 1984 seine Druckaktivitäten nach Ahrensburg auslagerte. Die Zahl der Beschäftigten stieg ab 1985 kontinuierlich an und betrug 1991 27.200 (Plath, 1985 und 1993).

74 In Anlehnung an die Studie Medienplatz Hamburg fassen wir dabei unter dem Begriff der Printmedien - mit den entsprechenden Gewerbekennzahlen nach der Umsatzsteuerstatistik des Statistischen Landesamtes in Klammern - die Nachrichtenagenturen und Informationsdienste (7894), Verlage (Zeitungs (7607)- und Zeitschriftenverlage (7605), Buchverlage (7601), sonstige Verlage (7609)), Unternehmen, die mit der Herstellung von Druckvorlagen beschäftigt sind (2684 und 2687), Druckereien (2681), Buchbindereien (2656) sowie den Zeitungs- und Zeitschriftenvertrieb und Buchhandel (4194) zusammen.

75 Statistisches Landesamt Hamburg, 1986, 1988, 1990 und 1993; Statistisches Landesamt Hamburg, unveröffentlichte Daten. Die Daten der Handelskammer ergeben ein anderes Bild. Einerseits verläuft hiernach die Entwicklung des Bereichs Printmedien über die Jahre hinweg ohne Einbruch positiv. Jede Erhebung weist einen höheren Umsatz als die vorherige auf. Andererseits bestehen erhebliche Differenzen in den Größenordnungen. Der von der Handelskammer für 1991 ermittelte Umsatz ist mit 26,1 Mrd. DM 2,5mal so hoch wie der in der Umsatzsteuerstatistik 1990 ausgewiesene.

76 Statistisches Landesamt Hamburg, 1986; Statistisches Landesamt Hamburg, unveröffentlichte Daten.

77 Die Beschäftigung stieg zwischen 1983 und 1989 um 9 %, der Umsatz stieg zwischen 1984 und 1990 um 21 % (Quellen: Bundesanstalt für Arbeit, 1984 und 1990; Statistisches Bundesamt, 1986 und 1992).

Ab 1987 verzeichnet Hamburg in der Beschäftigung ähnlich hohe positive bzw. negative Veränderungsraten wie im Bundesgebiet. Die gegenüber Hamburg höhere bundesweite Wachstumsrate beim Umsatz 1992 ist auf die Einbeziehung der neuen Bundesländer zurückzuführen.

Abb. 11: Die Entwicklung der Anzahl der sozialversicherungspflichtig Beschäftigten im Bereich Printmedien in Hamburg und im Bundesgebiet (alte Bundesländer) (1983=100)

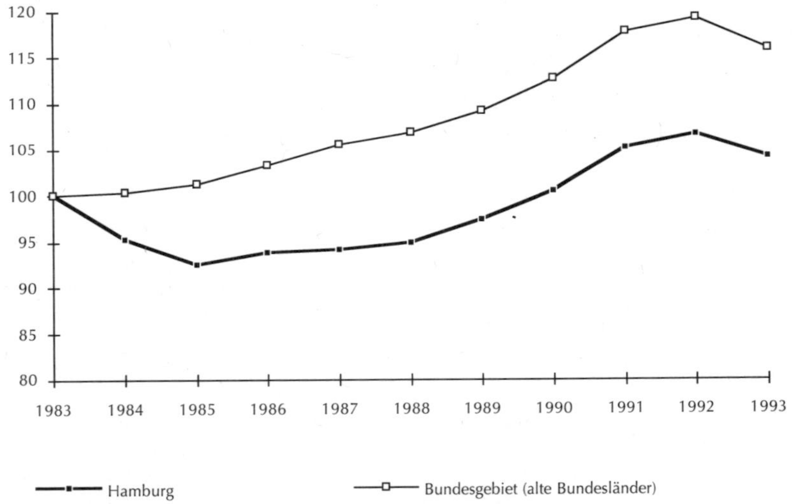

Quellen: Landesarbeitsamt Nord, Bundesanstalt für Arbeit, Statistisches Landesamt Hamburg

Abb. 12: Die Entwicklung des Umsatzes im Bereich Printmedien in Hamburg und im Bundesgebiet (1984=100)

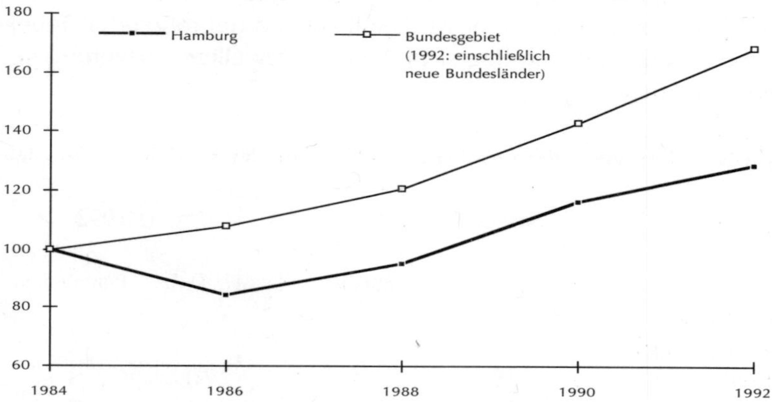

Quellen: Statistisches Landesamt Hamburg, Statistisches Bundesamt

2. Die Entwicklung in einzelnen Sparten

Bevor die Entwicklung einzelner Sektoren des Printbereichs in den 80er Jahren nachgezeichnet wird, soll anhand der folgenden Tabelle und Schaubilder eine Übersicht über ihre jeweilige Bedeutung gegeben werden:

Tabelle 8: Bedeutung der verschiedenen Sektoren des Bereichs Printmedien

Bereich	Beschäftigte 1993		Umsatz 1992	
	Personen	Anteil an Printmedien	(in Mio. DM)	Anteil an Printmedien
Informationsdienstleistungsunternehmen	710	3,6 %	270	2,8 %
Verlage	12.600	64,2 %	7.094	74,8 %
davon:				
Zeitungsverlage	k.A.	k.A.	(208)	(2,2 %)
Zeitschriftenverlage	k.A.	k.A.	(6.041)	(63,7 %)
Buchverlage	k.A.	k.A.	(458)	(4,8 %)
Sonst.Verlage	k.A.	k.A.	(386)	(4,1 %)
Druckindustrie	6.310	32,2 %	1.434	15,1 %
Großhandel	k.A.	k.A.	680	7,2 %
Printmedien gesamt	19.620	100,0 %	9.478	100,0 %

Quellen: Statistisches Landesamt Hamburg, 1993; Statistisches Landesamt Hamburg, unveröffentlichte Daten.

Abb. 13: Anteile der einzelnen Sektoren an den Beschäftigten im Bereich Printmedien in Hamburg 1993

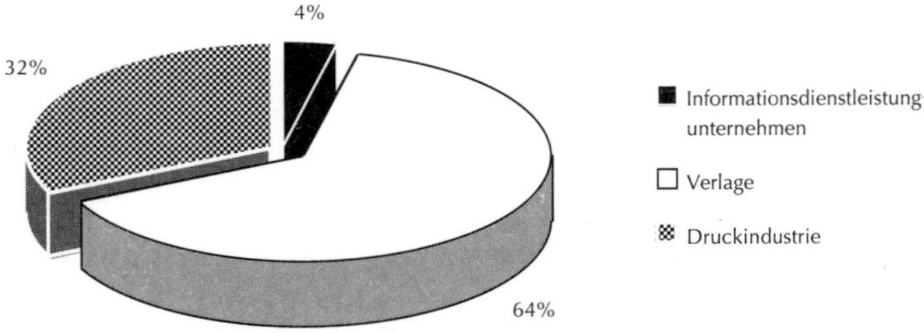

Quelle: Statistisches Landesamt Hamburg

Abb.14: Anteile der einzelnen Sektoren am Umsatz im Bereich Printmedien in Hamburg 1992

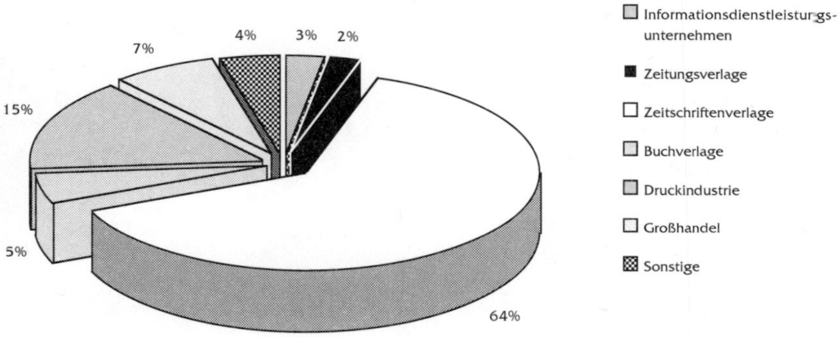

Quelle: Statistisches Landesamt Hamburg

Die obigen Darstellungen zeigen deutlich, daß die Verlage innerhalb der Printunternehmen sowohl von der Beschäftigtenzahl als auch vom Umsatz her den bedeutendsten Sektor darstellen. Die zweitwichtigste Unternehmensgruppe dieses Bereichs, die Unternehmen der Druckindustrie, haben mit 32,2 % einen deutlich höheren Anteil an den Beschäftigten als am Umsatz (15,1 %).
Unter dem Gesichtspunkt der Beschäftigung haben sich die einzelnen Sektoren im letzten Jahrzehnt dabei sehr unterschiedlich entwickelt, wie Tabelle 9 aufzeigt.

Tabelle 9: Veränderung in der Beschäftigung der verschiedenen Sektoren des Bereichs Printmedien

Bereich	Beschäftigte 1983	1993	Veränderung in %
Informations-dienstlei-stungen	490	710	+ 44,9 %
Verlage	11.370	12.600	+ 10,8 %
Unternehmen der Druck-industrie	7.000	6.310	- 9,9 %
Printmedien gesamt	18.860	19.620	+ 4,0 %

Quellen: Landesarbeitsamt Nord, 1992b; Statistisches Landesamt Hamburg, unveröffentlichte Daten.

2.1 Informationsdienstleistungsunternehmen

Zu den Informationsdienstleistungsunternehmen zählen wir Korrespondenten- und Nachrichtenbüros und selbständige Journalisten. Dabei hat in den letzten Jahren ein starker Anstieg bei der Zahl der selbständigen umsatzsteuerpflichtigen Journalisten, nämlich von 320 (1984) auf 746 (1992), und eine noch größere Steigerung des erzielten Umsatzes, nämlich von 37 Mio. DM (1984) auf 107 Mio. DM (1992), stattgefunden.[78]

Das Umsatzwachstum bei den Korrespondenten- und Nachrichtenbüros fiel dagegen geringer aus. Ihr Umsatz stieg zwischen 1984 und 1988 von 102 Mio. DM zunächst auf 130 Mio. DM, ging 1990 auf 126 Mio. DM zurück und stieg 1992 auf 163 Mio. DM.[79] Die Anzahl der Unternehmen selbst stieg zwischen 1984 und 1992 von 17 auf 29.[80] Darunter befindet sich mit der Deutschen Presseagentur GmbH (dpa) die größte deutsche Nachrichtenagentur.

78 Statistisches Landesamt Hamburg, 1986; unveröffentlichte Daten.

79 Statistisches Landesamt Hamburg, 1986, '90 u. '93; unveröffentlichte Daten.

80 Statistisches Landesamt Hamburg, 1986; Statistisches unveröffentlichte Daten.

Sie erzielte 1993 einen Umsatz von 170 Mio. DM; dies bedeutet ein Wachstum von etwa 5 % gegenüber dem Vorjahr. Die dpa will durch einen Neubau am Mittelweg ihren Standort in Hamburg ausbauen.[81]
Die Beschäftigtenstatistik weist für Nachrichtenbüros und selbständige Journalisten (Wirtschaftszweig 774) folgende Entwicklung auf: Die Anzahl der Beschäftigten stieg, nachdem sie zwischen 1983 und 1986 zunächst von 488 auf 467 leicht abgenommen hatte, stetig auf 711 (1993) an.[82]

2.2 Zeitungsverlage

Das Verlegen von Zeitschriften und das Verlegen von Zeitungen sind, auch wenn durchaus Gemeinsamkeiten bestehen, zwei unterschiedliche Geschäfte. Dies betrifft sowohl den redaktionellen und technischen Herstellungsprozeß als auch die Absatzmärkte. Während kleinere Verlage auf Zeitungen oder Zeitschriften spezialisiert sind, gibt es unter den Großverlagen weder reine Zeitungs- noch reine Zeitschriftenhäuser. Aber auch dort liegt eine eindeutige Schwerpunktsetzung vor, so daß auch die Einordnung der Großverlage in die eine oder andere Kategorie keine Schwierigkeiten bereitet.
Laut Umsatzsteuerstatistik ist die Anzahl der Zeitungsverlage zwischen 1984 und 1990 mit 16 konstant geblieben und fiel 1992 auf 11. Ihr Umsatz stieg zwischen 1984 und 1992 von 147 Mio. DM auf 208 Mio. DM an.[83]

81 Telefonische Auskunft von Fr. Blume, Assistentin der Geschäftsleitung, vom 16. Mai 1994.

82 Landesarbeitsamt Nord, 1992b; Statistisches Landesamt Hamburg, unveröffentlichte Daten.

83 Statistisches Landesamt Hamburg, 1986, 1988, 1990 und 1993; Statistisches Landesamt Hamburg, unveröffentlichte Daten. Die Angaben der Pressestatistik 1990 weichen erheblich davon ab. Da sie im Gegensatz zur Umsatzsteuerstatistik überregionale und lokale Wochenblätter, Zeitungen, die nicht mindestens zweimal wöchentlich erscheinen, und Anzeigenblätter nicht zu den Zeitungen, sondern zu den Zeitschriften zählt, führt sie für Hamburg nur fünf Zeitungsverlage auf. Die Zuordnung von 3,24 Mrd. Umsatz und 10.936 Beschäftigten (Statistisches Bundesamt, 1993) legt dabei den Schluß nahe, daß dabei der Axel Springer Verlag, der zwar in Hamburg operiert, aber in Berlin seinen Unternehmenssitz hat und deshalb nicht in der Umsatzsteuerstatistik für Hamburg erscheint, mitaufgenommen wurde.

2.3 Zeitschriftenverlage

Die Zeitschriftenverlage erwirtschafteten 1992 63,7 % des Gesamtumsatzes der Printmedien und 85,2 % des von den Verlagen erzielten Umsatzes.[84] Sie sind vom Umsatz und den Beschäftigten her gesehen der bedeutendste Bereich im Sektor Printmedien in Hamburg. Deshalb werden wir auf sie im Rahmen einer Schwerpunktanalyse im Abschnitt 3 gesondert eingehen.
Die Anzahl der Zeitschriftenverlage ist in Hamburg in den 80er Jahren relativ konstant geblieben mit 115 (1984), 121 (1986), 113 (1988), 119 (1990) und 124 (1992). Der Umsatz stieg zwischen 1984 und 1992 kontinuierlich von 3,7 Mrd. DM auf 6,0 Mrd. DM an.[85] Über die Entwicklung der sozialversicherungspflichtig Beschäftigten kann dagegen keine Aussage gemacht werden, da die Beschäftigtenstatistik nicht ausreichend spezifiziert ist.

2.4 Buchverlage

Die Verlagsmetropole Hamburg ist im Bereich der Buchverlage nicht so bedeutend wie bei den Zeitschriften.
Die Buchverlage (reine Buchverlage und Adreßbuchverlage) sind der viertgrößte Umsatzträger im Bereich Printmedien. Sie trugen 1992 4,8 % zum Umsatz im Bereich Printmedien bei.[86] Laut Börsenblatt liegt Hamburg mit einer Produktion von 2.540 Titeln an fünfter Stelle hinter München, Frankfurt/Main, Stuttgart und Berlin.[87]
Die Umsatzsteuerstatistik zeigt zwischen 1984 und 1992 ein kleines Ansteigen der Buchverlage von 77 auf 87 an; darunter befinden sich 83 reine Buchverlage und 4 Adreßbuchverlage. Der gesamte Umsatz stieg im gleichen Zeitraum von 307 Mio. DM auf 458 Mio. DM, wobei allerdings allein auf die Adreßbuchverlage 150 Mio. DM entfallen.[88]

83 Eigene Berechnung aus: Statistisches Landesamt Hamburg, unveröffent. Daten.

84 Statistisches Landesamt Hamburg, 1986, '88, '90 u. ' 93; unveröffent. Daten.

85 Eigene Berechnung aus: Statistische Landesamt Hamburg, unveröffent. Daten.

86 Börsenblatt des deutschen Buchhandels Nr. 32 vom 23. April 1993.

87 Statistisches Landesamt Hamburg, 1986, unveröffent. Daten.

88 Börsenblatt des deutschen Buchhandels Nr. 32 vom 23. April 1993.

Die Hamburger Buchverlage zeichnen sich i.d.R. durch eine geringe Betriebsgröße aus. Die Hälfte der Verlage erreicht nur Jahresumsätze unter 50.000 DM.[89] Nur vier von ihnen, nämlich Hoffmann + Campe, Parey, Oetinger und Carlson sowie der in Reinbek ansässige Rowohlt Verlag rangieren unter den 100 größten in Deutschland.[90]

2.5 Unternehmen der Druckindustrie

Unter Unternehmen der Druckindustrie haben wir im folgenden die für die technische Herstellung von Printmedien relevanten Unternehmen wie Druckereien (Wirtschaftszweig 2681), Vervielfältigungen (Wirtschaftszweige 2684 und 2687) und Buchbindereien (2656) zusammengefaßt. Die unten aufgeführten Zahlen berücksichtigen dabei - mit Ausnahme der Kategorie 'Beschäftigte nach Berufsordnung' - nur rechtlich selbständige Unternehmen und nicht solche, die zum Unternehmensbereich von Verlagshäusern gehören.

Die Unternehmen der Druckindustrie stellen nach den Zeitschriftenverlagen den zweitgrößten Umsatzträger im Printbereich dar. 1992 betrug ihr Anteil am Umsatz im gesamten Printbereich 15,1 %.[91] Wesentlich höher, nämlich 32,2 % (1993), fällt ihr Anteil an den im Printbereich sozialversicherungspflichtig Beschäftigen aus.[92]

Bei den sozialversicherungspflichtig Beschäftigten in Unternehmen der Druckindustrie (Wirtschaftszweige 433 und 44) fand zwischen 1983 und 1986 zunächst eine Abnahme von 7.000 auf 6.347 statt und dann ein langsames stetiges Ansteigen auf 6.718 (1991), bevor die Anzahl 1993 auf 6.313 sank.[93]

89 Börsenblatt des deutschen Buchhandels Nr. 32 vom 23. April 1993.

90 Eigene Berechnung aus: Statistisches Landesamt Hamburg, unveröffentl. Daten.

91 Eigene Berechnung aus: Statistisches Landesamt Hamburg, unveröffentl. Daten.

92 Landesarbeitsamt Nord, 1992b u. 1993b, Statistisches Landesamt Hamburg, unveröffentl. Daten. Dabei sind die in den technischen Betrieben der Großverlage Beschäftigten nicht berücksichtigt. Diese liegen im Umland von Hamburg, z.B. in Ahrensburg und Itzehoe, und beschäftigen ca. 3.700 Menschen (Handelskammer Hamburg (Hrsg.), 1988, S. 3).

93 Hierzu gehören: Buchbinderberufe, Schriftsetzer, Druckstockhersteller, Buchdrucker (Hochdruck), Flach- und Tiefdrucker, Spezialdrucker, Siebdrucker, Vervielfältiger und Druckerhelfer.

Ein ähnliches Bild ergibt sich, wenn man die Entwicklung in den druckereispezifischen Berufen betrachtet.[94] Die Zahl der in solchen Berufen Beschäftigten nahm zwischen 1983 und 1989 von 6.619 auf 5.732 ab, stieg bis 1991 auf 5.985 an und sank 1993 auf den in unserem Erhebungszeitraum tiefsten Stand von 5.467.[95] Dabei wird ein deutlicher Niedergang einzelner Berufe sichtbar. So nahm zwischen 1983 und 1993 die Anzahl der Schriftsetzer von 1.262 auf 859, die der Buchdrucker von 644 auf 336 und die der Druckerhelfer von 1.041 auf 672 ab.[96] Die Anzahl der in Buchbinderberufen Beschäftigten sank zwischen 1983 und 1987 von 914 auf 779, stieg dann auf 879 (1991) an und fiel wieder auf 748 (1993).[97]
Die Anzahl der Unternehmen der Druckindustrie stieg zwischen 1984 und 1992 leicht von 670 auf 712 an. Das sind über 40 % aller Unternehmen des Printbereichs. Ihr Umsatz vergrößerte sich zwischen 1984 und 1992 von 890 Mio. DM auf 1,43 Mrd. DM.[98]
Sieht man sich die Entwicklung für Druckereien, Vervielfältigungsunternehmen und Buchbindereien getrennt an, so ergibt sich folgendes Bild:
62 Die Anzahl der Druckereien ist in Hamburg in den letzten Jahren relativ konstant geblieben. Sie fiel zwischen 1984 und 1992 von 475 auf 465 [99]; im gleichen Zeitraum nahm der Umsatz von 721 Mio. DM auf 1,1 Mrd. DM zu.[100]
Die Anzahl der in Druckereien sozialversicherungspflichtig Beschäftigten nahm zunächst von 5.595 (1983) auf 5.022 (1986) ab, stieg bis 1991 wieder auf 5.261 an und fiel 1993 auf 4.900.[101]
Die Anzahl der Vervielfältigungsunternehmen, die sich u.a. mit der Herstellung von Druckvorlagen beschäftigen (Fotosatz, Kupferplat-

94 Hierzu gehören: Buchbinderberufe, Schriftsetzer, Druckstockhersteller, Buchdrucker (Hochdruck), Flach- u. Tiefdrucker, Spezialdrucker, Siebrucker, Vervielfältiger u. Druckhelfer.

95 Landesarbeitsamt Nord, 1992a; Stat. Landesamt Hamb., unveröffentliche Daten.

96 Landesarbeitsamt Nord, 1992a; Stat. Landesamt Hamb., unveröffentliche Daten.

97 Landesarbeitsamt Nord, 1992a; Stat. Landesamt Hamb., unveröffentliche Daten.

98 Statistisches Landesamt Hamburg, 1986; unveröffentliche Daten.

99 Statistisches Landesamt Hamburg, 1986 und 1993.

100 Statistisches Landesamt Hamburg, 1986; unveröffentliche Daten.

101 Landesarbeitsamt Nord, 1992b und 1993b; Statistisches Landesamt Hamburg, unveröffentlichte Daten.

ten), ist zwischen 1984 und 1992 von 166 auf 221 gestiegen. Ihr Umsatz vergrößerte sich im gleichen Zeitraum von 155 Mio. DM auf 312 Mio. DM.[102]

Am geringsten ist die Bedeutung der Buchbindereien. Ihre Anzahl sank von 29 Unternehmen (1984) auf 26 (1992). Der von den Unternehmen erzielte Umsatz wurde zwischen 1984 und 1992 von 14 Mio. DM auf 22 Mio. DM gesteigert.[103] Dagegen schwankte die Anzahl der sozialversicherungspflichtig Beschäftigten insbesondere Anfang bis Mitte der 80er Jahre zwischen dem niedrigsten Wert 134 (1984) und dem Maximum von 203 (1983). Seit 1987 ist diese Anzahl relativ konstant um 200 geblieben.[104]

Die Dominanz der Druckereien gegenüber Spezialbetrieben wie Buchbindereien und Reproanstalten erklärt sich daraus, daß viele Unternehmen die gesamte technische Bandbreite anbieten (Druckweiterverarbeitung) und deshalb in die Kategorie Druckereien eingeordnet werden.

In der Druckindustrie hat es in den letzten zehn Jahren große Technologieschübe, insbesondere im Bereich der Herstellung von Druckformen, gegeben, wie z.B. Anfang der 80er Jahre die Einführung elektronischer Satzsysteme, die zu bedeutenden Rationalisierungsmaßnahmen und dem Wegfall vieler Tätigkeitsfelder führte. Besonders betroffen vom technischen Fortschritt waren zunächst die Setzereien; nun sind es in zunehmendem Maße die Reprobetriebe.

Vor etwa zehn Jahren lagerten viele große Verlage ihre Repro-Abteilungen zu kleinen Repro-Studios aus. Es fanden verstärkt Gründungen von DTP-Büros oder Grafik- und Satzstudios statt. Aufgrund größerer Schnelligkeit und Flexibilität sowie kostengünstigerer Produktion konnten sie schnell fast den gesamten Bereich der Gestaltung von Werbeanzeigen sowie von Festschriften und Firmenpublikationen an sich ziehen. Die mit alter Technik schwerfälligen und viel zu teuer produzierenden traditionellen Akzidenzdruck- und Satzbetriebe konnten dem nichts entgegensetzen.

102 Statistisches Landesamt Hamburg, 1986; unveröffentlichte Daten.

103 Statistisches Landesamt Hamburg, 1986; unveröffentlichte Daten

104 Landesarbeitsamt Nord, 1992b u. 1993b; Stat. Landesamt HH., unveröffentlichte Daten.

Aber in den letzten Jahren sind viele Verlage[105] und Wirtschaftsunternehmen[106] dabei, selbst die technische Entwicklung Desktop Publishing (DTP)[107] zu übernehmen, so daß in Zukunft das Aufgabenfeld für Repro-Unternehmen nur noch auf spezielle Tätigkeiten beschränkt sein wird.

2.6 Großhandel

Der Großhandel (Wirtschaftszweig 4194) beeinhaltet den Vertrieb von Printerzeugnissen, also insbesondere den Großhandel mit Zeitungen und Zeitschriften und den Buchhandel. Dieser Bereich stellt innerhalb des Printbereichs mit 7,2 % den drittgrößten Umsatzträger dar.[108] Der dort erzielte Umsatz stieg zwischen 1984 und 1992 von 594 Mio. DM auf 680 Mio. DM, während im gleichen Zeitraum die Anzahl der Unternehmen von 44 auf 37 abnahm.[109]

Während die großen Zeitungs- und Zeitschriftenverlage oft sowohl über inner- und außerbetriebliche Einrichtungen verfügen, die dazu dienen, Zeitungen und Zeitschriften an den Leser zu bringen, verfügen kleine und mittlere Verlage i.d.R. nicht über eigene Vertriebsorgane, weil ihnen das entsprechende Kapital und der notwendige Organisationsgrad dazu fehlen. Deshalb nehmen sie fremde Handelsunternehmen in Anspruch.

Man unterscheidet zwischen nationalen Vertriebsgesellschaften und dem Zeitungs- und Zeitschriftengroßhandel. Nationale Vertriebsgesellschaften übernehmen die Aufgaben verlagseigener Vertriebsabteilungen, d.h. sie übernehmen die Vermittlung zwischen kleineren Verlagen und dem Groß- und Einzelhandel, indem sie die

105 Vgl. Weischenberg, 1993.

106 Der Otto-Versand schickt heute schon fertig layoutete Disketten an die Druckerei, wo die Informationen dann direkt auf die Druckzylinder eingraviert werden.

107 Layout-Programm, das die Druckformate definiert und mit Text- und Grafikdateien füllen kann. Es stellt die komplette Druckvorlage her, die auf dem Bildschirm dargestellt wird.

108 Eigene Berechnung aus: Statistisches Landesamt Hamburg, unveröffentliche Daten.

109 Statistisches Landesamt Hamburg, 1986; Statistisches Landesamt Hamburg, unveröffentlichte Daten.

Objekte ihrer Kunden ins Großhandelssortiment einführen. Dabei fällt auf, daß alle Nationalvertriebe Tochterfirmen großer Verlage sind: Die Verlagsunion ist eine Tochtergesellschaft des Heinrich Bauer Verlags, der Inland Presse Vertrieb (ipv) und der Deutsche Presse Vertrieb (dpv) sind Tochtergesellschaften von Gruner + Jahr.
Der Zeitungs- und Zeitschriftengroßhandel ist in seiner jetzigen Form erst nach dem Zweiten Weltkrieg entstanden: Ein Grossist ist für ein territorial fest umrissenes Verkaufsgebiet und den darin befindlichen Einzelhandel tätig. Dabei genießt der Grossist Gebiets-Kunden- und Objektschutz, d.h. der einzelne Verlag vergibt den Vertrieb seiner Objekte für ein bestimmtes Gebiet nur an einen Grossisten. Das Gebiet Deutschlands ist daher von einem Netz regional tätiger Großunternehmen überzogen, zwischen denen kein Wettbewerb stattfindet. In Hamburg und in vier anderen Großstädten teilen sich zwei Grossisten die gebietliche Verantwortung. In Hamburg übernahm Anfang der 70er Jahre der Heinrich Bauer Verlag das Grossounternehmen Dunckel und errichtete als 100%ige Tochtergesellschaft den Pressevertrieb Nord (PVN). Die beiden anderen selbständigen Grossounternehmen Sandner und Wegner fusionierten zum Buch- und Pressegroßvertrieb Hamburg (BPV) und nahmen 1972 den Axel Springer Verlag als Mehrheitsgesellschafter auf.[110] Im Vertriebsraum Hamburg besteht somit kein selbständiger Zeitungs- und Zeitschriften-Großhandel mehr.

110 Außerdem traten als Kommanditisten u.a. der Jahreszeiten-Verlag und der Spiegel-Verlag ein.

3. Schwerpunktanalyse: Zeitschriftenverlage

Die Hamburger Zeitschriftenverlage spielen sowohl innerhalb der Hamburger Medienwirtschaft[111] als auch unter den deutschen Zeitschriftenverlagen eine entscheidende Rolle.
Hamburg kann als die deutsche Metropole für Zeitschriftenverlage bezeichnet werden. Von den vier Großverlagen der BRD, die Zeitschriften verlegen, haben drei, nämlich Bauer, Gruner + Jahr und Springer,[112] ihren Sitz in Hamburg. Nur Burda ist in Offenburg und München angesiedelt. Ein weiteres Indiz für die herausragende Stellung Hamburgs bei den Zeitschriftenverlagen ist die Tatsache, daß die neun auflagenstärksten Publikumszeitschriften Deutschlands in Hamburg verlegt werden[113] und rund 58 % der Werbeumsätze bei den Publikumszeitschriften auf Hamburger Verlage entfallen.[114]

3.1 Die Struktur der Zeitschriftenverlage in Hamburg

Von der Betriebsgröße her gibt es ein weites Spektrum an Verlagen in Hamburg. Auf der einen Seite stehen die schon erwähnten Großverlage sowie weitere große Verlage wie der Spiegel-Verlag, der Jahreszeiten-Verlag und die Verlagsgruppe Milchstraße;[115] auf der anderen Seite gibt es zahlreiche mittlere und kleine Zeitschriftenverlage, z.B. im Bereich der Fachzeitschriften.

111 Vgl. Abschnitt 2.3.

112 Das Standbein des Axel Springer Verlages (AS) sind zwar die Zeitungen. Im Bereich des Vertriebs erzielte er 1992 über zwei Drittel der Umsätze mit Zeitungen und nur knapp ein Drittel mit Zeitschriften, bei den Anzeigenumsätzen betrug das entsprechende Verhältnis ca. 80 % zu 20 % (AS Verlag (Hrsg.), 1993). Er spielt aber auch im Zeitschriftenmarkt eine bedeutende Rolle. Dort erzielte er 1992 immerhin 789 Mio. DM Umsatz (AS Verlag (Hrsg.), 1993) und gibt mit der "Hörzu" eine der auflagenstärksten Publikumszeitschriften heraus. Deshalb wurde er in die Schwerpunktanalyse mit einbezogen. Der Hauptsitz des AS Verlags wurde 1967 nach Berlin verlegt. Dies geschah jedoch aus persönlichen Gründen des Verlegers AS und aus steuerlichen Gründen. Wirtschaftliches Zentrum des Verlages ist Hamburg geblieben.

113 Vgl. Kellerer & Partner GmbH, Band 1, 1993, S. 20.

114 Eigene Berechnung aus: Gruner + Jahr (Hrsg.), 1994, S. 5.

115 Der Spiegel-Verlag Rudolf Augstein GmbH erzielte 1992 einen Gesamtumsatz von 546 Mio. DM, darunter 526 Mio. aus dem Zeitschriftengeschäft; der Jahreszeiten-Verlag realisierte 237 Mio. DM Umsatz und die Verlagsgruppe Milchstraße verbesserte ihr Ergebnis von knapp 85 Mio. (1991) auf 142 Mio. DM Umsatz (Quelle: Horizont Nr. 30 vom 30. Juli 1993, S. 40 f.).

Eine detaillierte Aufstellung für 1990 nach Größenklassen[116] - allerdings ohne Berücksichtigung des Axel Spinger Verlages - kann folgenden Tabellen entnommen werden:

Tabelle 10: Struktur der Hamburger Zeitschriftenverlage nach Umsatzgrößenklassen (1990)

Größenklasse Umsatz in Mio. DM	Anzahl der Unternehmen	Steuerbarer Umsatz (in Mio. DM)
< 0,5	32	6,7
0,5-1	15	11,0
1-2	19	25,9
2-5	23	71,9
5-25	14	158,8
> 25	9	4.053,9
Summe	112	4.328,1

Quelle: Statistisches Bundesamt, 1993.

Damit ergibt sich ein durchschnittlicher Umsatz von 38,6 Mio. DM pro Unternehmen.

Tabelle 11: Struktur der Hamburger Zeitschriftenverlage nach Beschäftigtengrößenklassen (1990)

Größenklasse Zahl d. Beschäftigten	Anzahl der Unternehmen	Anzahl der Beschäftigten
1-3	35	74
4-9	37	224
10-19	12	160
20-49	16	493
> 50	12	8.862
Summe	112	9.813

Quelle: Statistisches Bundesamt, 1993.

Es ergibt sich damit eine Durchschnittsgröße von ca. 88 Beschäftigten.

116 Statistisches Bundesamt, 1993.

3.2 Wichtige Entwicklungen auf den deutschen Zeitschriftenmärkten seit Anfang der 80er Jahre

Zunächst werden kurz die wichtigsten Entwicklungen auf den deutschen Zeitschriftenmärkten in den letzten Jahren skizziert, um dann verschiedene Strategien der Verlage bezüglich ihrer Produkte, ihres Engagements auf ausländischen Zeitschriftenmärkten, der Diversifizierung in elektronische Medien, Kooperationsformen und ihrer internen Struktur herauszuarbeiten.

3.2.1 Quantitative Entwicklungen auf den deutschen Zeitschriftenmärkten

Die Indikatoren - verkaufte Auflage, Werbeumsatz sowie Umsatz und Beschäftigte der Zeitschriftenverlage - weisen zunächst auf eine expansive Entwicklung der deutschen Zeitschriftenmärkte in den 80er Jahren hin: Die verkaufte Auflage von Publikumszeitschriften stieg zwischen 1980 und 1990 von 83,5 Mio. auf 107,2 Mio. Exemplare an[117], die Bruttowerbeumsätze erhöhten sich zwischen 1982 und 1990 von 3,7 Mrd. DM auf 5,7 Mrd. DM.[118] Die Anzahl der von Verlagen sozialversicherungspflichtig Beschäftigten nahm zwischen 1983 und 1990 von 120.000 auf 134.000 zu.[119] Weniger spektakulär ist die Entwicklung des Umsatzes der Publikumszeitschriften herausgebenden Verlage verlaufen. Hier war zwischen 1984 und 1990 nur ein Wachstum von 8,0 Mrd. DM auf 9,5 Mrd. DM zu verzeichnen. Dies entspricht etwa der in diesen Jahren akkumulierten Preissteigerungsrate.

Bei näherer Betrachtung muß eine weitere Relativierung der Zahlen vorgenommen werden. Zum einen deutet die geringe Zunahme der verkauften Auflage von 28,4 % über zehn Jahre hinweg - in den zehn Jahren zuvor betrug die Steigerung 43,2 % [120] - auf eine Sättigung der deutschen Zeitschriftenmärkte.

117 Stamm 1994, S. 3b/13.

118 Steinbach, 1986 und Gruner + Jahr (Hrsg.), 1994.

119 Die Beschäftigtenstatistik weist Zeitschriftenverlage nicht gesondert aus. Deshalb sind in diesen Zahlen auch die in anderen Verlagen Beschäftigte enthalten.

120 Eigene Berechnung aus: Stamm 1975, S. 4/10 und Stamm 1994, S. 3b/13.

Zum anderen ging das langsame Ansteigen der Auflage mit einer wesentlich expansiveren Entwicklung der Titel einher: Nahm zwischen Mitte der 60er und Mitte der 70er Jahre die Anzahl der Publikumszeitschriften noch leicht ab, von 247 (1965) auf 205 (1973)[121], so ist in den 80er Jahren eine enorme Vermehrung der Titel festzustellen. Die Anzahl der Publikumszeitschriften verdoppelte sich zwischen 1980 und 1990 von 273 auf 553.[122] Damit fiel die durchschnittlich verkaufte Auflage einer Publikumszeitschrift von 306.000 auf 194.000 Exemplare.[123] Dies bedeutet, daß die Erlössituation für einzelne Publikumszeitschriften auf dem Markt schwieriger wurde.
Auch die positive Entwicklung der Werbeumsätze erscheint vor dem Hintergrund einer wesentlich expansiveren Entwicklung der gesamten Bruttowerbeaufwendungen der klassischen Medien nicht mehr ganz so erfreulich. Seit der Etablierung der privaten Fernsehveranstalter verringerte sich jedes Jahr der Anteil der Publikumszeitschriften an den gesamten Bruttowerbeaufwendungen der klassischen Medien.[124] Schwankte er zwischen 1982 und 1985 noch zwischen 41 und 42 Prozent, so nahm er ab 1986 jährlich ab. 1990 betrug er nur noch 35,9 Prozent.[125]
Die Vereinigung Deutschlands und damit die Vergrößerung der Zeitschriftenmärkte führte kurzfristig zu Wachstumsschüben, besonders bei den Programmzeitschriften und den niedrigpreisigen Frauenzeitschriften. Die in den Vorjahren mit ca. 1,6 % jährlichem Wachstum fast stagnierende verkaufte Auflage von Publikumszeitschriften stieg 1991 um 11,5 %.[126] Auch bei den Wachstumsraten der in Verlagen Beschäftigten und dem dort erzielten Umsatz sind Steigerungen zu erkennen. Die Beschäftigung wuchs 1991 um 4,5 % an, während zwischen 1983 und 1989 ihre durchschnittliche Wachstumsrate unter 1,5 % lag.[127]

121 Stamm 1975, S. 4/10.

122 Stamm 1994, S. 3b/13.

123 Eigene Berechnung aus: Stamm 1994, S. 3b/13.

124 Hierzu zählen Zeitungen, Publikumszeitschriften, Fachzeitschriften, Fernsehen, Hörfunk und Plakat.

125 Eigene Berechnung aus: Steinbach, 1986; Pretsch, 1991 und Gruner + Jahr (Hrsg.), 1994.

126 Eigene Berechnung aus: Stamm 1994, S. 3b/13.

127 Eigene Berechnungen aus: Bundesanstalt für Arbeit, 1984 bis 1992.

Der Umsatz stieg 1991 um 12,3 %.[128] Dagegen hat sich die Vereinigung auf die Entwicklung der Werbeumsätze nicht positiv ausgewirkt. Die dort 1991 erzielte Steigerung von 4,3 % lag sogar noch unter den in den Vorjahren realisierten.[129]
Der rezessive Wirtschaftsverlauf der Gesamtökonomie und die Sättigung des Nachholbedarfs in den neuen Bundesländern führten schon 1992 vor allem im Vertriebsbereich zu deutlichen Einbrüchen. Die verkaufte Auflage stieg nur noch um 2,7 %[130], die gleiche Wachstumsrate kann für den Umsatz der Verlage verzeichnet werden.[131]
Die Zeitschriftenverlage waren von dieser Entwicklung höchst unterschiedlich betroffen. Neben einem Umsatzrückgang beim Axel Springer Verlag um 3 %, einer Stagnation beim Heinrich Bauer Verlag, bescheidenen Umsatzzuwächsen von 3 % (Jahreszeiten-Verlag) und 5,6 % (Spiegel-Verlag) waren bedeutende Erhöhungen des Umsatzes bei Gruner + Jahr um 11 % und bei der Verlagsgruppe Milchstraße um 67 % zu verzeichnen.[132]
1993 waren die Auswirkungen der Rezession noch deutlicher zu spüren. Zum ersten Mal seit 1985 gingen die Werbeumsätze bei Publikumszeitschriften zurück, und zwar um 2,2 %.[133] Während 1992 Gruner + Jahr, Bauer und die Verlagsgruppe Milchstraße ihre Werbeeinnahmen noch erhöhen konnten - beim Axel Springer Verlag sanken sie schon in diesem Jahr -, mußten 1993 alle großen Hamburger Verlage bis auf den Jahreszeiten-Verlag, der ein Wachstum von 5 % verbuchte, und den Bauer Verlag, der sein Vorjahresergebnis halten konnte, Verluste hinnehmen.[134]

128 Horizont Nr. 30 vom 30. Juli 1993, S. 39.

129 Eigene Berechnungen aus: Gruner + Jahr (Hrsg.), 1994, S. 2.

130 Eigene Berechnung aus: Stamm 1994, S. 3b/13.

131 Horizont Nr. 30 vom 30. Juli 1993, S. 39. Dagegen stiegen die Werbeumsätze um 4,9 % (Gruner + Jahr (Hrsg.), 1994, S. 2.

132 Eigene Berechnungen aus: Horizont vom 30. Juli 1993, S. 39f.

133 Gruner + Jahr (Hrsg.), 1994, S. 2.

134 Die Rückgänge der Werbeumsätze 1993 gegenüber dem Vorjahr betrugen bei Gruner + Jahr 3,3 %, beim Axel Springer Verlag 9,3 %, beim Spiegel-Verlag 12,5 % und bei der Verlagsgruppe Milchstraße 5,8 %. (Gruner + Jahr, 1994, S. 5.)

Auch die Beschäftigung bei den Verlagen fiel zum ersten Mal in dem betrachteten Zeitraum ab 1983.[135] Das bescheidene Wachstum von 0,7 % bei der verkauften Auflage[136] deutet auf eine Stagnation hin.

3.2.2 Qualitative Entwicklungen auf den deutschen Zeitschriftenmärkten

Die Situation in den 80er Jahren war bis zur Vereinigung Deutschlands größtenteils durch eine friedliche Koexistenz der Großverlage gekennzeichnet. Gruner + Jahr beherrschte die Märkte der teuren Qualitätszeitschriften, Bauer die der billigen Massenblätter, Burda bewegte sich in dem Segment der mittelpreisigen Zeitschriften, und Springer hat das Schwergewicht auf das Verlegen von Programmzeitschriften gelegt.
Eine direkte Konfrontation der Großverlage fand allerdings auf dem Markt der Frauenzeitschriften und auf dem Markt der Programmzeitschriften statt. Besonders zu erwähnen sind hierbei die Vorstöße des Gong-Verlags Anfang der 80er Jahre, die des Heinrich Bauer Verlags und des Axel Springer Verlags durch die Einführung neuer Programmzeitschriften[137] sowie der äußerst erfolgreiche Markteintritt der Verlagsgruppe Milchstraße. Eine weitere Konfrontation gab es auf dem bis dahin vom "Spiegel" monopolartig besetzten Markt der Nachrichtenmagazine durch den Markteintritt des Burda Verlags mit dem Objekt "Focus".[138]
Daneben sind die letzten zehn Jahre durch einen Aufschwung der Special Interest-Zeitschriften und Probleme bei den aktuellen Illustrierten gekennzeichnet.
In den 80er Jahren fand eine Fülle von Neugründungen von Special Interest-Zeitschriften statt. Fast über alle Genres hinweg ist eine Steigerung der Titel und der verkauften Auflage zu beobachten.

135 Vgl. Bundesanstalt für Arbeit, 1984 bis 1993.

136 Eigene Berechnung aus: Stamm 1994, S. 3b/13.

137 Nach Einführung der Zeitschrift "TV Movie" hat dabei die Verlagsgruppe Bauer die Marktführerschaft bei den Programmzeitschriften übernommen, die bis dahin jahrzehntelang beim Axel Springer Verlag lag.

138 "Focus" erzielte 1993 in seinem ersten Jahr 109 Mio. DM Anzeigenumsatz, während der Anzeigenumsatz des "Spiegel" 1993 von 472 Mio. DM auf 412 Mio. DM zurückging. (Gruner + Jahr (Hrsg.), 1994, S. 7).

Dies gilt besonders für Bereiche, die neuere Freizeitaktivitäten thematisieren, wie "Audio, Video, Computer". Dort gab es in den 80er Jahren zahllose Neugründungen von Zeitschriften wie "Hifi Vision" (1985), "Video Plus" (1989), "DOS International" (1987), "Powerplay" (1987) und "Amiga" (1987). Aber auch in Genres, bei denen etablierte Freizeitobjekte und -aktivitäten im Mittelpunkt stehen, gab es in den 80er Jahren mehrere Neugründungen. Beispielsweise wurden von den sechs größten der derzeit der Informationsgemeinschaft zur Feststellung der Verbreitung von Werbeträgern e.V. (IVW) gemeldeten kulinarischen Zeitschriften allein 1985 drei gegründet.[139]

Außerdem kann man bei den einzelnen Gattungen der Special Interest-Zeitschriften auch ein Wachstum in den Werbeumsätzen feststellen. 1993 entfielen auf die Gattung "Audio, Video, PC" 104,9 %, auf die Gattung "Eltern, Familie, Gesundheit" 69,7 %, auf "Sport und Freizeit" 57,9 %, "Haus, Garten, Tiere" 42,7 % und auf "Auto und Motorrad" 31,8 % mehr Werbegelder als 1987.[140]

Das Plus für Programm- und Frauenzeitschriften fiel mit jeweils ca. 10 % für den gleichen Zeitraum deutlich niedriger aus. Dabei kann man bei beiden Gattungen beobachten, daß bei einem Anstieg der gesamten verkauften Auflage zwischen 1982 und 1993 - bei den Programmzeitschriften um etwa 50 % und bei den Frauenzeitschriften um etwa 40 %[141] - die meisten der schon länger bestehenden Titel einen Rückgang ihrer Auflage in Kauf nehmen mußten. Bei den Programmzeitschriften konnten die jungen Titel wie "TV Movie" (Gründungsjahr 1991) und "TV Spielfilm" (Gründungsjahr 1990) ihre verkaufte Auflage jährlich steigern.[142]

Bei der Gattung "Aktuelle Illustrierte" ist bei den Werbeinnahmen sogar ein Einbruch um fast 25 % festzustellen.[143] Der Heinrich Bauer Verlag stellte "Quick" aufgrund eines erheblichen Anzeigenrückgangs Mitte 1992 ein. Verluste gab es in dieser Gattung auch bei den verkauften Exemplaren.

139 Dabei handelt es sich um: "Schöner Essen", "Kochen & Genießen" und "Feinschmecker".

140 Eigene Berechnung aus: Gruner + Jahr (Hrsg.), 1994, S. 6.

141 Eigene Schätzung auf Basis von IVW-Daten (zitiert in "medien aktuell" - verschiedene Jahrgänge).

142 Vgl. "medien aktuell" (verschiedene Jahrgänge).

143 Eigene Berechnung aus: Gruner + Jahr (Hrsg.), 1994, S. 6.

Die verkaufte Auflage aller der IVW gemeldeten aktuellen Illustrierten fiel in den letzten Jahren: Sie sank zwischen 1982 und 1993 von 5,4 Mio. auf 3,6 Mio.[144] Die verkaufte Auflage der "Bunten" war 1993 um 45 %, die des "Stern" um 23 % niedriger als 1982.[145] Der Trend von den vielfältige Themen abdeckenden aktuellen Illustrierten hin zu Special Interest-Zeitschriften ist darauf zurückzuführen, daß die zunehmende Individualisierung in Industriegesellschaften wie Deutschland auch zu einer Differenzierung der Bedürfnisse und der Nachfrage geführt hat. Special Interest-Zeitschriften tragen dem einerseits durch ein differenziertes Themenangebot Rechnung und andererseits, indem sie für Werbetreibende die Möglichkeit schaffen, zielgruppenspezifische Anzeigen zu schalten.

3.2.3 Konzentration auf den deutschen Zeitschriftenmärkten

In den letzten Jahren sind die summierten Marktanteile der vier Großverlage, sowohl was die verkaufte Auflage als auch die Anzeigen betrifft, leicht zurückgegangen. Schwankte ihr unkonsolidierter Marktanteil[146] (Zahlen für den konsolidierten Marktanteil in Klammern) von 1980 bis 1988 zwischen 46 und 48 % (46 und 49), so ist er im ersten Quartal 1992 auf 41,7 % (43,5) gefallen.[147] Auf dem Anzeigenmarkt sank der summierte Marktanteil der vier Großverlage zwischen 1986 und 1993 von 57,6 % auf 51,5 %.[148] Wenn man den Auflagenmarkt für Publikumszeitschriften in einzelne Teilmärkte aufspaltet, erhält man höhere Konzentrationsraten: Bei den Programmzeitschriften betrug der nach Periodizität gewichtete Marktanteil von Axel Springer Verlag und Bauer Verlag 1991 77,2 %, bei den aktuellen Illustrierten (z.B. "Stern", "Bunte") entfielen auf Gruner + Jahr, Burda und Bauer 98,1 %. Während bei den Programmzeitschriften und aktuellen Illustrierten jeweils einer

144 Eigene Berechnungen aus IVW-Daten (zitiert in "medien aktuell" - verschiedene Jahrgänge). Dabei muß berücksichtigt werden, daß die "Quick" Mitte 1992 eingestellt wurde und die "Super Illu" 1990 auf den Markt kam.

145 Eigene Berechnungen aus IVW-Daten (zitiert in "medien aktuell" - verschiedene Jahrgänge).

146 Dabei werden Beteiligungen unter 75 % nicht berücksichtigt.

147 Röper, 1992a, S. 417.

148 Gruner + Jahr (Hrsg.), 1994, S. 5.

der vier Großverlage Marktführer ist, sind bei den Special-Interest-Zeitschriften zwar auch immer zwei oder drei der vier Großverlage vertreten - entweder über Tochterunternehmen oder Beteiligungen -, aber sie fungieren nicht unbedingt als Marktführer.[149]

3.3 Unternehmensstrategien der Zeitschriftenverlage

3.3.1 Produkte

In den letzten Jahren haben fast alle großen Hamburger Verlage eine Verbreiterung ihrer Produktpalette vorgenommen. 1992 verlegten sowohl der Heinrich Bauer Verlag mit 28 als auch der Gruner + Jahr Verlag mit 17 Titeln doppelt soviele wie 1978.[150] Der Jahreszeiten-Verlag nahm von Mitte der 80er Jahre an vier neue Zeitschriften ins Angebot. Nur der Axel Springer Verlag verlegte nach einem Anstieg auf 14 Zeitschriften 1988 mit 10 Zeitschriften 1992 kaum mehr als 1978[151], und der Spiegel-Verlag ist weiterhin ein Ein-Produkt-Unternehmen geblieben.

Die Verbreiterung der Produktpalette ist ähnlich wie das Wachstum von Special-Interest-Titeln eine Reaktion auf eine Aufsplitterung der Bedürfnisse und Interessen in der Bevölkerung. Teilweise ist sie aber auch auf die Neugründung oder den Erwerb von Zeitschriften in den neuen Bundesländern zurückzuführen.[152]
Die großen Hamburger Verlage haben jeweils eine sehr spezifische Produktpalette. Der Axel Springer Verlag hat das Schwergewicht auf das Verlegen von Programmzeitschriften gelegt. Daneben verlegt sein Tochterunternehmen Top Spezialzeitschriftenverlag Zeit-

149 Holtzbrinck ist zum Beispiel bei den Wirtschaftsmagazinen mit einem gewichteten Marktanteil von 54,5 % Marktführer; bei den Motorradmagazinen ist es der Motor-Presse-Verlag mit 62,5 % gewichtetem Marktanteil. (Alle Daten aus Reimer, 1992.)

150 Röper, 1992a, S. 419.

151 Ebenda.

152 Es konnten sich allerdings nur wenige Titel aus der DDR-Zeit nach der deutschen Vereinigung auf dem Markt behaupten. Dagegen bot die deutsche Vereinigung den schwerpunktmäßig Zeitschriften verlegenden Häusern Gruner + Jahr, Bauer und Burda die Möglichkeit, auch verstärkt in den Zeitungsmarkt einzusteigen. Der Axel Springer Verlag hat sich sowohl bei den Tageszeitungen als auch bei den hochauflagigen Zeitschriften in den neuen Ländern weitgehend zurückgehalten.

schriften im Bereich Sport- und Freizeitaktivitäten. Der Bauer Verlag verlegt vorwiegend hochauflagige Massenzeitschriften. Der Verlag ist von Programmzeitschriften und Frauenzeitschriften einschließlich Yellow-Press-Produkten geprägt.[153] Seit Beginn der 80er Jahre wurden zwar auch etwas anspruchsvollere Titel und Special-Interest-Zeitschriften in das Sortiment aufgenommen; diese nehmen jedoch nur eine untergeordnete Rolle ein.[154] Für Special-Interest-Zeitschriften ist es in einem auf Massenzeitschriften ausgerichteten Verlag schwierig, die notwendige Rendite zu erwirtschaften.[155]
Gruner + Jahr, der Spiegel-Verlag und der Jahreszeiten-Verlag verlegen überwiegend hochpreisige Titel. Sie zielen auf ein intellektuelleres und einkommensstärkeres Publikum und sind deshalb auch besonders für die werbetreibende Wirtschaft interessant. Besonders deutlich zeigt sich dies bei Gruner + Jahr, der bei nur 6,7 % Marktanteil an der verkauften Auflage[156] bei den Werbeumsätzen mit über 17 % Marktanteil[157] Marktführer ist.
Während sowohl Gruner + Jahr als auch der Jahreszeiten-Verlag verschiedene Genres der hochpreisigen Publikumszeitschriften abdecken, wird im Spiegel-Verlag nur das Nachrichtenmagazin "Der Spiegel" verlegt. Die Verlagsgruppe Milchstraße hatte als Neueinsteiger zunächst die Marktnische Kinozeitschriften besetzt und ist dann in die benachbarten Bereiche Video- und Programmzeitschriften vorgestoßen. Seit Ende 1990 gibt sie außerdem noch das Lifestyle-Magazin "Max" heraus.

153 Programmzeitschriften und Frauenzeitschriften tragen zwei Drittel zum Zeitschriftenumsatz bei. (Gespräch mit Peter Heidenreich am 24. Juni 1993.)

154 Sie tragen zu etwa 10 % zum Umsatz bei (Quelle: Jakobs/Müller, 1990, S. 64).

155 Gespräch mit Peter Heidenreich am 24. Juni 1993.

156 Roeper, 1992a.

157 Gruner + Jahr (Hrsg.), 1994.

3.3.2 Auslandsengagement

Seit Ende der 70er Jahre haben deutsche Zeitschriftenverlage begonnen, in nennenswertem Umfang Investitionen im Ausland zu tätigen. Dies äußerte sich sowohl im Kauf von Beteiligungen an ausländischen Verlagen als auch in Neugründungen.
Das Auslandsengagement der Zeitschriftenverlage ist im wesentlichen darauf zurückzuführen, daß im Westen Deutschlands wegen Marktsättigung und kartellrechtlichen Beschränkungen kaum noch ein Wachstum möglich war. Auf den Auslandsmärkten wurden und werden dagegen immer noch hohe Wachstumsraten erwartet.[158] Zum anderen bevorzugen internationale Unternehmen, die heute weltweit mit den gleichen Spots und Anzeigen werben, international operierende Medienunternehmen mit globalen Konditionssystemen.[159]
Gruner + Jahr ist sowohl zeitlich[160] als auch umsatzmäßig Vorreiter bei dem Gang ins Ausland. Insgesamt erwirtschafteten die Gruner + Jahr-Tochtergesellschaften 1991/92 41,5 % des gesamten Konzernumsatzes im Ausland[161], allein der Unternehmensbereich Zeitschriften International erzielte ca. 25 % des Gesamtumsatzes.[162] In Frankreich hat sich Gruner + Jahr sogar hinter Hachette-Filipacchi zum zweitgrößten Zeitschriftenverleger entwickelt.[163]
Auch Bauer ist mit erworbenen und neugegründeten Fernseh- und Frauenzeitschriften in den wichtigsten westeuropäischen Märkten (Großbritannien, Frankreich, Spanien), in den USA und seit 1991 auch in Osteuropa (Polen, Tschechei, Slowakai und Ungarn) ver-

158 Während der im Inland erzielte Umsatz des Bauer Verlags 1988 nur um 3 % zunahm, wuchs der Auslandsumsatz im gleichen Jahr um 25 % (Quelle: Jakobs/Müller, 1990, S. 65).

159 1989 führte der Bauer Verlag als erster deutscher Verlag ein grenzüberschreitendes Anzeigenangebot ein. Dieser gemeinsame europäische Anzeigentarif gilt für vier Frauenzeitschriften, nämlich "Tina" und "Bella" in Deutschland, "Bella" in Großbritannien und "Maxi" in Frankreich. Dabei wird für eine Anzeigenschaltung in allen vier Zeitschriften ein "Euro-Rabatt" von 15 % gewährt.

160 1978 ging Gruner + Jahr als erstes deutsches Verlagshaus auf den ausländischen Zeitschriftenmarkt. Sie erwarben je einen Verlag in Spanien und den USA.

161 Gruner + Jahr (Hrsg.), 1993a, S. 8. Im neuesten Geschäftsbericht sind hierzu keine Daten enthalten.

162 Gruner + Jahr (Hrsg.), 1993a, S. 9.

163 Dort verlegt die Gruner + Jahr Tochterges. Prisma Presse elf Zeitschriften mit einer Auflage von ca. 7,5 Mio. Exemplaren. Im Geschäftsjahr 92/93 wurde ein Umsatz von 702 Mio. DM und ein Gewinn von 96 Mio. DM erwirtschaftet. (Die Welt ,1. Feb. '94.)

treten. Der Auslandsanteil am Umsatz des Bauer Verlags beträgt zur Zeit 15 %. Es wird mit einem weiteren Anstieg gerechnet.[164]
Der Axel Springer Verlag hat erst relativ spät, nämlich 1988, den Gang ins nicht-deutschsprachige Ausland vollzogen.[165] Sein Engagement auf den Auslandsmärkten ist weniger bedeutend als das der anderen Hamburger Großverlage. In Osteuropa sind seine Aktivitäten bislang auf Ungarn konzentriert. 1991 betrug der Auslandsumsatz mit 375 Mio. DM nur rund 10 % des Konzernumsatzes von 3,7 Mrd. DM.[166]

3.3.3 Diversifizierung in elektronische Medien

Seit Einführung des dualen Systems in Deutschland haben die Großverlage begonnen, verstärkt Investitionen im Fernseh- und Videogeschäft zu tätigen.
Die Verlage zählen heute neben Rechteverwertungs- und Produktionsgesellschaften (Kirch-Gruppe), ausländischen Medienunternehmen (CLT, Berlusconi) und branchenfremden Unternehmen (Beisheim) zu den wichtigsten Kapitaleignern bei den privaten Fernsehsendern. Der entscheidende Grund für dieses Engagement ist die durch die Zulassung privater Fernsehveranstalter erfolgte Umschichtung des Werbeaufkommens von den Printmedien - und hier insbesondere den Publikumszeitschriften - zum Fernsehen.[167]
Dieses Engagement zahlte sich insofern aus, als 1993 auf die bundesdeutschen Verlage mindestens 40,4 % der Werbeeinnahmen bei privaten Sendern entfielen, davon allein auf die Konzerne Springer und Bertelsmann 24 %.[168]
Nachdem Bauer Anfang 1993 bei RTL 2 eingestiegen ist[169], sind nun

164 Gespräch mit Peter Heidenreich am 24. Juni 1993.

165 Im Juni 1988 erwarb er für ca. 45 Mio. DM mit "Scarpe" den drittgrößten Zeitschriftenverlag Spaniens. 1989 folgte eine 10 %ige Beteiligung an der italienischen Mediengruppe Monti.

166 Röper, 1993, S. 63.

167 Der Anteil der Publikumszeitschriften an den Bruttowerbeaufwendungen fiel von 41,1 % (1982) auf 28,7 % (1993), während der Anteil des Fernsehens von 17,3 % (1982) auf 34,6 % (1993) stieg (vgl. Pretzsch, 1991; Storck, 1992; Gruner + Jahr (Hrsg.), 1994).

168 Eigene Berechnungen aus: Heinrich, 1993, S. 275.

169 Bauer gehörte einst zu den Gründungsmitgliedern von SAT.1, hatte aber wegen des steigenden Einflusses der Kirch-Gruppe seine Beteiligung bald abgestoßen.

alle großen deutschen Zeitschriften- und Zeitungsverlage an Privatsendern beteiligt.
Dabei erreicht das Engagement der einzelnen Verlage durchaus unterschiedliche Größenordnungen und spielt eine unterschiedlich wichtige Rolle in ihrem Gesamtgeschäft:
Der Axel Springer Verlag mit seinen Kapitalbeteiligungen von 27 % an SAT 1[170] und 24,9 % am Deutschen Sportfernsehen und Gruner + Jahr, der zusammen mit Bertelsmann über ihre Tochter UFA an Premiere (37,5 %), RTL (38,9 %), Vox (24,9 %)[171] und RTL 2 (7,8 %) beteiligt ist, messen dem Fernsehgeschäft eine wichtige Rolle zu. Weniger stark engagiert ist der Heinrich Bauer Verlag mit der 37,6%igen Beteiligung an dem kleinen Sender RTL 2, und der Burda Verlag hat sich mit der 2%igen Beteiligung an RTL und der 1%igen an RTL 2 am meisten bei Investitionen in das Fernsehgeschäft zurückgehalten.
Dabei werden die im Printbereich konkurrierenden Großverlage unter dem Einfluß rundfunkrechtlicher Bestimmungen zu Partnern im Fernsehgeschäft.[172] Außerdem wäre es bis auf den Bertelsmann-

Konzern auch für einen Großverlag schwierig, allein das Kapital und die Liquidität, die für den Aufbau eines Senders mit Vollprogramm nötig sind, aufzubringen.
Neben Beteiligungen an Fernsehveranstaltern sind einige große Verlage auch in das Geschäft der Fernsehproduktion eingestiegen. Im Vordergrund steht dabei die Strategie, vom wachsenden Programmbedarf der Fernsehsender an Serien, Fernsehspielen und Features zu profitieren. Die dabei erzielten Synergieeffekte in Form von Kostenersparnissen durch redaktionelle Mehrverwertung spielen im Moment noch eher eine untergeordnete Rolle, können in Zukunft aber an Gewicht gewinnen.
Das Engagement im Bereich Fernsehproduktionen ist beim Verlag Gruner + Jahr am größten. Er ist mit Bertelsmann über ihre Tochter ufa an mehreren Produktionsgesellschaften beteiligt, nämlich zu 100 % an den Unternehmen der ufa-Berlin-Gruppe und zu 74 % an Unternehmen der Trebitsch Produktions Holding.

170 Der Axel Springer Verlag ist mit 20 % direkt und zusätzlich indirekt über das Unternehmen APF an SAT 1 beteiligt.

171 Die Einstellung von VOX ist für Mitte 1994 geplant.

172 Zur Sicherung der Meinungsvielfalt schreibt §21 RStV vor, daß ein Fernsehveranstalter nicht die Mehrheit an einem Fernsehvollprogramm haben und darüber hinaus nur mit Minderheitenanteilen an einer beschränkten Zahl weiterer Fernsehsender beteiligt sein darf.

Auch Springer hat sich an Fernsehproduktionsgesellschaften beteiligt und plant auf diesem Gebiet eine weitere Zusammenarbeit mit der Kirch-Gruppe.[173]
Der Spiegel-Verlag hat mit der Spiegel TV GmbH eine eigene Tochterfirma gegründet, ebenso der Jahreszeiten-Verlag mit der Jahreszeiten TV und Video Produktions GmbH. Der Bauer Verlag ist nicht im Bereich Fernsehproduktionen engagiert.
Neben dem Fernsehbereich, in den alle Großverlage auch in Zukunft investieren wollen, sind sie auch an privaten Hörfunksendern beteiligt. Beispiele hierfür sind Springers Beteiligungen an Radio Hamburg (35 %) und RSH (17 %), Bauers 25 %ige Beteiligung an Radio Hamburg und das Engagement von Gruner + Jahr über ufa bei Radio Hamburg (29,5 %), Antenne Bayern (16 %) und Radio NRW (15 %).

3.3.4 Vertikale Konzentration vs. Outsourcing, Kooperationen und Verflechtungen

Das Kerngeschäft der Zeitschriftenverlage ist das Verlegen von Zeitschriften. Hierzu gehören die redaktionelle Erstellung der Beiträge (evtl. deren graphische Aufarbeitung) und die Verwaltung der Anzeigen. Auch Buchhaltung und Verwaltung befinden sich gewöhnlich innerhalb eines Unternehmens.
Grundsätzlich stehen Unternehmen vor der Frage, welche Tätigkeiten sie selbst ausführen wollen, ob dies im eigenen Betrieb oder über Beteiligungen geschieht, für welche Tätigkeiten sie Dienstleister in Anspruch nehmen und wie sie die Beziehungen zu ihren Dienstleistern gestalten.
Dienstleister werden vorwiegend in vor- und nachgelagerten Tätigkeiten in Anspruch genommen, nämlich für die Versorgung mit Rohmaterial (Papierfabriken, Nachrichtenagenturen, Texter und Photographen), den Druck, den Vertrieb an die Einzelhändler und bei der Werbung für alte und die Einführung neuer Objekte (Werbeagenturen).
Bei den Großverlagen besteht jedoch außer der Versorgung mit Papier - eine solche Verflechtung der Verlage mit Papierfabriken gibt es in Deutschland nicht mehr - eine Tendenz zur Autarkie, d.h. es werden kaum Tätigkeiten aus der Hand gegeben. Wegen der Konkurrenzsituation finden bis auf wenige Ausnahmebereiche - wie dem

173 Gespräch mit Heiner Bremer am 25. Februar 1993.

Druck - keine Kooperationen zwischen den Großverlagen statt.
Alle Großverlage betrachten es als notwendig, über eigene Druckereien zu verfügen. Damit wollen sie sicherstellen, daß einerseits Probleme im Kernbereich (Redaktion) im Randbereich flexibel aufgefangen werden können und sie andererseits nicht von Engpässen bei Fremddruckereien betroffen werden, so daß ihre Objekte rechtzeitig fertiggestellt werden können.[174] Die Druckerei von Gruner + Jahr ist schon seit der Unternehmensgründung in Itzehoe angesiedelt, während Springer 1984 seine Druckerei aus der Hamburger Innenstadt nach Ahrensburg verlagert hat. Bauer hat vor ungefähr 15 Jahren seinen Druckbereich in der Hamburger Innenstadt zugunsten einer Erweiterung seiner Druckerei in Köln geschlossen.
Die Bedeutung und Organisation des Druckbereiches wird von den befragten Großverlagen durchaus unterschiedlich gesehen:
Gruner + Jahr betrachtet seine Druckereien als gewinnbringende Unternehmen und sieht sie weniger als Servicebetriebe an. Der Verlag Gruner + Jahr erwirtschaftete 1992/93 im Bereich Lohndruck mit ca. 770 Mio. DM ca. 20 % seines Umsatzes.[175] Auf der anderen Seite werden Zeitschriften von Gruner + Jahr auch bei anderen Druckereien gedruckt, da die Zeitschriften als eigene profit-center ihre Druckereien selbst wählen können.
Der Axel Springer Verlag dagegen betrachtet das Drucken als elementare Servicefunktion, die er nicht aus der Hand geben möchte, d.h. seine Druckerei wird nicht in erster Linie unter dem Gesichtspunkt, Gewinne zu erwirtschaften, betrieben. Gleichwohl werden zur besseren Auslastung auch Fremdaufträge angenommen, wenn diese auch nicht die Bedeutung wie bei Gruner + Jahr haben.[176]
Im Gegensatz zu Gruner + Jahr und dem Axel Springer Verlag druckt Bauer nur seine eigenen Objekte. Dabei wird zwar der Nachteil gesehen, daß in Zeiten, in denen die Auflage zurückgeht, die Kapazitäten nicht optimal ausgelastet werden können. Der Vorteil, keinen Verkaufsapparat für den Lohndruck bereithalten zu müssen, überwiegt nach Angaben der Verantwortlichen jedoch diesen Nachteil.

174 Dies spielt insbesondere dann eine wichtige Rolle, wenn Zeitschriften einer bestimmten Gattung am gleichen Wochentag erscheinen. Programmzeitschriften erscheinen i.d.R. donnerstags oder freitags, viele Frauenzeitschriften mittwochs.

175 Eigene Berechnung aus: Gruner + Jahr (Hrsg.), 1993b.

176 Der Axel Springer Verlag erwirtschaftete 1992 im Bereich Lohndruck ca. 6 % seines Umsatzes (220 Mio. DM) (Quelle: Axel Springer Verlag (Hrsg.), 1993).

Auch der Bauer Verlag druckt nicht alle seine Objekte in der eigenen Druckerei. Es werden auch Aufträge auf den Markt gegeben. Als Konsequenz aus der Tatsache, daß einzelne Zeitschriften als profit center geführt werden, können die Verlagsleiter ähnlich wie bei Gruner + Jahr ihre Druckereien in der Regel selbst wählen.
Für mittelgroße und kleine Verlage sind eigene Druckereien dagegen nicht sinnvoll, da sie sich betriebswirtschaftlich nicht rechnen. Diese Verlage lassen ihre Objekte sowohl bei Druckereien, die im Besitz von Großverlagen sind und auch Lohnaufträge übernehmen, als auch bei unabhängigen mittelständischen Anbietern drucken. So wird z.B. ein Großteil der Auflage des "Spiegel" in Itzehoe bei Gruner + Jahr gedruckt, nachdem er zuvor in der Springer-Druckerei gedruckt worden war. Auch die Verlagsgruppe Milchstraße ist nicht daran interessiert, eine eigene Druckerei aufzubauen.
Die Ganske-Gruppe läßt ihre elf Zeitschriften von verschiedenen Druckereien fertigen. Die Strategie dieses Unternehmens besteht darin, sich eher von der Produktion zu entfernen und sich dem Absatz zuzuwenden. Dies geschieht sowohl durch den Lesezirkel DLS - Daheim Liefer Service, eine 100%ige Tochter des Jahreszeiten-Verlags, als auch durch die Gründung und Übernahme mehrerer Buchhandlungen[177] in den letzten Jahren.
Die Absatzorganisation wird von den meisten Verlagen als sehr wichtig angesehen, hängt es doch von ihr ab, daß die Zeitschriften ihre potentiellen Leser erreichen können. Alle Verlage haben deshalb ein Interesse daran, auf die Vertriebswege Einfluß zu nehmen. Dies zeigte sich u.a. auch bei den Auseinandersetzungen um die Organisation des Pressevertriebs in den neuen Bundesländern. Wegen des unterschiedlichen Organisationsgrads und unterschiedlich großer Kapitaldecke bei kleinen und großen Verlagen kommt es im Bereich des Vertriebs zu Kooperationen.
Größere Verlage verfügen über eine Vertriebsabteilung, die einerseits die direkte Zustellorganisation beinhaltet und andererseits die Logistik zwischen den Druckereien und Grossisten koordiniert. Dabei hat sie auch die Aufgabe, die Grossisten zu bewegen, ihre Objekte rechtzeitig bei den Einzelhändlern abzuliefern und dort für eine gute Plazierung zu sorgen.

177 Zur Ganske-Gruppe gehört neben dem Jahreszeiten-Verlag auch der Buchverlag Hoffmann und Campe.

Einige Großverlage haben diese Funktion in rechtlich selbständige Unternehmen ausgegliedert, sogenannte nationale Vertriebsgesellschaften. Diese übernehmen, genauso wie auch die Vertriebsabteilungen großer Verlage, für eine Vielzahl kleiner Verlage die verschiedensten Distributionsdienste. So organisiert die 100%ige Gruner + Jahr-Tochtergesellschaft ipv für 80 Verlage den Vertrieb in Deutschland. Eine weitere 100%ige Tochtergesellschaft, dpv, übernimmt den Vertrieb für 40 deutsche Verlage ins Ausland. Der Bauer Verlag besitzt mit der Verlagsunion in Wiesbaden ebenfalls eine nationale Vertriebsgesellschaft. Dagegen hat der Axel Springer Verlag diese Funktion nicht ausgelagert, sondern mit dem Service Vertrieb innerhalb des Hauses gelassen.
Die kleinen Verlage profitieren nicht automatisch von dem Vorhandensein der nationalen Vertriebsunternehmen. Für diese Serviceunternehmen besteht kein Kontrahierungszwang, d.h. sie können nicht zur Aufnahme neuer oder einer bestimmten Anzahl von Objekten gezwungen werden. Außerdem kann sich für den kleinen Verlag die Wettbewerbsituation noch dadurch verschärfen, daß potentielle Wettbewerber auch in das Auslieferungsprogramm des Serviceunternehmens aufgenommen werden.
Brummund kommt 1985 zu dem Schluß: Mit wenigen Ausnahmen "ist es den nationalen Vertriebsfirmen bis heute nicht gelungen, den von ihnen betreuten [kleinen] Verlagen ein den auflagenstarken Zeitungen und Zeitschriften vergleichbares Gehör im Presse-Grosso zu verschaffen".[178]
Weiteren Einfluß auf die Vertriebswege haben sich die Großverlage durch ihre Beteiligungen an ohnehin schon von ihnen abhängigen Grossounternehmen[179] gesichert. Die Gruner + Jahr-Tochter Berliner Presse Vertrieb (BPV) versorgt rund 1.800 Verkaufsstellen im Westteil Berlins mit Zeitungen und Zeitschriften. Die 100%ige Bauer-Tochter Pressevertrieb Nord ist für den Pressevertrieb in einem Teilgebiet Hamburgs zuständig. Der Axel Springer Verlag ist in den alten Bundesländern an drei Pressegroßhandelsgesellschaften beteiligt, nämlich in Hamburg, Berlin und in Frankenthal. Außerdem hat er sich wie die meisten anderen Verlage auch in den neuen Bundesländern engagiert; dort hält er jeweils 9%ige Beteiligungen an neun Grossogesellschaften.

178 Brummund, 1985, S. 118.

179 Diese Abhängigkeit entsteht dadurch, daß die Grossogesellschaften zu 70 % von den Großverlagen beliefert werden und 80 % ihres Umsatzes mit den Massenblättern der Großverlage erzielen.

Auch auf der horizontalen Ebene gibt es Verflechtungen. So ist Gruner + Jahr an mehreren mittelgroßen und kleinen Verlagen beteiligt. Zu erwähnen sind hierbei Beteiligungen am Spiegel-Verlag (24,7 %), an Vereinigte Motor Verlage (15 %), am Manager Magazin Verlag (24,9 %) und am Max-Verlag (25 %), einem gemeinsamen Projekt mit der Verlagsgruppe Milchstraße (25 %) und der italienischen Verlagsgruppe RCS Rizzoli (50 %). Die übrigen Großverlage zeigen sich im Hinblick auf Minderheitsbeteiligungen demgegenüber zurückhaltend.
Der 1989 von dem Verleger Dirk Manthey vollzogene Verkauf von 74,9 % der Anteile der Verlagsgruppe Milchstraße an Rizzoli hatte zum Ziel, die Kapitalbasis für die Initiierung neuer Projekte zu erweitern: Die Verlagsgruppe Milchstraße konnte insbesondere die Investitionskosten von 20 - 30 Mio. DM für das Projekt TV-Spielfilm nicht alleine aufbringen. Rizzoli auf der anderen Seite suchte ein Standbein in Deutschland.

3.3.5 Interne Strukturen der Unternehmen

In den letzten Jahren ist bei den Zeitschriftenverlagen eine Tendenz hin zur Delegation von Verantwortung und Bildung von kleinen Einheiten beobachtbar. Dies ist u.a. darauf zurückzuführen, daß der härtere Wettbewerb die Erschließung von neuen Marktsegmenten notwendig machte und der Erfolg in den einzelnen Marktsegmenten meßbar gemacht und in Beziehung zu den dafür Verantwortlichen gesetzt werden soll.[180] Des weiteren versprechen sich die Verlage von der größeren unternehmerischen Freiheit der kleinen Zellen einen intensiveren internen Wettbewerb und eine Steigerung der Innovation und Kreativität.
Die Dezentralisierung kann sowohl in Form von firmenrechtlichen Verselbständigungen als auch in der innerbetrieblichen Organisation von Abteilungen als profit center auftreten.
Im Bauer Verlag wurde Ende der 70er Jahre die Beobachtung gemacht, daß es für ihre Mitarbeiter einen Unterschied bedeutet, ob

180 Dies geht teilweise so weit, daß Klauseln in den Arbeitsverträgen der Chefredakteure Erfolgskriterien für Auflage und Anzeigenvolumen vorgeben.

sie in einem dezentral geführten Mammutunternehmen arbeiten oder in einem rechtlich selbständigen Unternehmen. Um mittelständisches Unternehmerdenken zu fördern, wurde deshalb unter der Holding des Heinrich Bauer Verlags eine Vielzahl von Tochterunternehmen mit verschiedenen Aufgaben gegründet, wie der Heinrich Bauer Spezialzeitschriften Verlag, die Heinrich Bauer Vertriebs KG und die Heinrich Bauer Verlag Anzeigen und Marketing KG. Der Heinrich Bauer Verlag nimmt außer der Holdingfunktion allerdings auch noch die Aufgabe wahr, zahlreiche Zeitschriften herauszugeben. Auch die Auslandsgesellschaften des Heinrich Bauer Verlags werden alle vor Ort eigenständig geführt.
Obwohl sich in den einzelnen Bauer-Gesellschaften auch in der inneren Struktur das Prinzip der dezentralen Organisation wiederfindet, kann man dort nicht direkt von einer Umsetzung in profit center sprechen. Zwar können Chefredakteure und Verlagsleiter innerhalb vorgegebener Etats eigenständig wirtschaften und selbständige Entscheidungen treffen, und es herrscht auch ähnlich wie bei Gruner + Jahr zwischen den einzelnen Zeitschriftenredaktionen ein ausgeprägtes Konkurrenzdenken. Jedoch sind der Vertrieb und die Anzeigenverwaltung für alle Zeitschriften in zwei rechtlich selbständigen Unternehmen, der Heinrich Bauer Anzeigen und Marketing KG und der Heinrich Bauer Vertriebs KG, organisiert und obliegen nicht dem Verantwortungsbereich von Chefredakteuren und Verlagsleitern.
Der Jahreszeiten-Verlag nahm 1982 als erster der befragten Verlage eine Umstrukturierung dahingehend vor, daß jede Zeitschrift als eigenes profit center arbeitet.
Die Verlagsgruppe Milchstraße gründete von Anfang an für jede neu geschaffene Zeitschrift ein rechtlich selbständiges Unternehmen.[181] Seit 1993 werden allerdings Unternehmen, in denen Zeitschriften derselben Gattung / desselben Genres erscheinen, nach erfolgreicher Markteinführung in ein Unternehmen zusammengeführt, um den Aufwand für Verwaltung und Rechnungswesen zu mindern.[182]
Gruner + Jahr hat 1993 damit begonnen, den Bereich Zeitschriften Inland umzustellen. Die bisher praktizierte Matrixorganisation soll

181 Ausnahme: In der TV-Spielfilm GmbH wurden zwei Zeitschriften verlegt, nämlich TV-Spielfilm und der inzwischen eingestellte TV-Guide.

182 So wurden die Zeitschriften Cinema, Kino und Videoplus in der Kino Verlag GmbH zusammengeführt (Auskunft von Wolfgang Naegele am 16. Februar 1994).

dabei durch eine in profit center strukturierte Linienorganisation mit eindeutigen Verantwortlichkeiten abgelöst werden. Auf diese Weise werden sechs Verlagsgesellschaften wie z.B. die Zeitschriftengruppe "Geo", "Saison", "Sports" oder die Gruppe "Schöner Wohnen", "Neues Wohnen", "Decoration", "Häuser", "Essen und Trinken" und "Schöner Essen" geschaffen, die wie mittelständische Unternehmen geführt werden sollen und die von den Fachbereichen Dienstleistungen zu Marktpreisen einkaufen können. Die Bereiche Dokumentation und Druckerei arbeiten bereits als profit center.
Springer begann erst 1990 das Prinzip der delegierten Verantwortung umzusetzen, allerdings auch nicht so weit, daß die einzelnen Zeitungen und Zeitschriften als profit center arbeiten sollen. Bei der "Welt" als Prestigeobjekt nimmt man sogar bewußt Verluste in Kauf. Auch der Bereich Druckerei wird bei Springer nicht als profit center geführt. Er wird als reiner Servicebetrieb angesehen. Aufgrund der Tatsache, daß alle Tageszeitungen annähernd zur gleichen Zeit gedruckt werden müssen und die verlagseigenen Objekte Vorrang haben, ist es für Zeitungsdruckereien schwieriger, Fremdaufträge zu erhalten, als für Zeitschriftendruckereien.

3.3.6 Kostenmanagement

Wegen der Auswirkungen der wirtschaftlichen Rezession auf den Printbereich ist in jüngster Zeit in vielen Zeitungs- und Zeitschriftenverlagen verstärkt von Kostenmanagement die Rede.
Springer begann 1992 ein gezieltes Programm zur Kostensenkung mit dem Ziel, bis Ende 1993 1.400 Arbeitsplätze abzubauen.[183] Der Verlag gibt an, bis Juni 1993 schon 70 Mio. DM eingespart zu haben.[184]
Auch der Heinrich Bauer Verlag will seine Kosten durch Reduzierung der Beschäftigtenzahl senken, was aber in erster Linie den Druckbereich in Köln beträfe.[185] Wie bei Springer will man aber auch hier gezielt verhindern, daß die Einsparungen die Weiterentwicklung bestehender und die Konzeption neuer Objekte behindern.

183 Bis Juni 1993 sind davon schon 800 Arbeitsplätze abgebaut worden.

184 Süddeutsche Zeitung vom 11. Juni 1993, S. 28. Die Nettoaufwandsentlastung im Personalbereich wird angesichts von 50 Mio. DM Sozialplankosten für 1993 mit 20 Mio. DM angegeben. (Die Welt vom 21. Februar 1994.)

185 Gespräch mit Peter Heidenreich am 24. Juni 1993.

Selbst der Verlag Gruner + Jahr, der gerade das beste Betriebsergebnis seiner Geschichte erreichte, will der Wirtschaftskrise präventiv begegnen und schließt einen Personalabbau nicht aus.

4. Standortfragen im Bereich Printmedien

Das Verlagsgewerbe ist in Hamburg historisch gewachsen. Viele der heute großen Verlage sind hier gegründet worden: Der Heinrich Bauer Verlag ist aus einer von Louis Bauer 1875 gegründeten Druckerei in Rothenburgsort hervorgegangen. Der Axel Springer Verlag ging aus dem Hammerich & Lesser Verlag aus Altona hervor, für den Axel Springer 1945 und 1946 Lizenzen für die "Nordwestdeutschen Hefte" und die "Hörzu" erhielt. Die Gruner + Jahr GmbH & Co wurde 1965 in Hamburg gegründet, nachdem der Gesellschafter John Jahr schon längere Zeit in Hamburg als Verleger z.B. von "Brigitte" tätig war. Der Spiegel-Verlag zog 1952 nach Hamburg und der ebenfalls in Hannover gegründete Jahreszeiten-Verlag verlegte seinen Sitz nach dem Zweiten Weltkrieg nach Hamburg, weil sich hier eine Medienstadt entwickelte.[186]

Der Erfolg der großen Verlage zog kreatives Potential an, und es entstand, so einer unserer Gesprächspartner, "ein Geflecht mit eigener intellektueller Produktionskraft". Als wichtigster positiver Standortfaktor wird von allen Experten fast ausnahmslos die Weltoffenheit und Liberalität Hamburgs hervorgehoben. Kreative bräuchten ein kreatives Umfeld, eine Umgebung, in der verschiedenste Formen der Auseinandersetzung stattfinden, Anregungen und kulturelles Leben. Ein solches Klima sei existentiell für Journalisten und das Verlagsgewerbe insgesamt. Außerdem wird auf die Lebensqualität, die Hamburg bietet, als Anreizfaktor bei der Rekrutierung von Mitarbeitern aus anderen Regionen verwiesen.

Ein weiterer positiver Standortfaktor ist das Image Hamburgs als Medienmetropole, wobei man allerdings sonst kaum von Synergieeffekten innerhalb des Verlagsgewerbes oder zwischen dem Printbereich und den anderen Medienbereichen ausgehen kann.

Die Nähe zu Dienstleistern wird von den Verlagen zwar wohlwollend zur Kenntnis genommen. Insbesondere die Verfügbarkeit von kreativem Potential (Texter, Informanten, freie Mitarbeiter), die Kapazitäten an Lithographiebetrieben und die Auswahl an guten

186 Gespräch mit Thomas Ganske am 24. Februar 1993.

Werbeagenturen[187] werden hervorgehoben. Auch der Hamburger Arbeitsmarkt für Journalisten wird positiv bewertet und nicht als segmentiert angesehen. Nachdem ein Arbeitsplatzwechsel vom Jahreszeiten-Verlag zu Gruner + Jahr und umgekehrt für die Journalisten schon immer problemlos war und viele freie Journalisten gleichzeitig für die Zeitschriften beider Verlage schreiben, partizipiert seit wenigen Jahren auch der Axel Springer Verlag an diesem Arbeitsmarkt. Der Heinrich Bauer Verlag bleibt jedoch noch ausgeschlossen, da viele seiner Objekte von den anderen Verlagen als Yellow-Press-Produkte angesehen werden.
Die räumliche Nähe zu Druckereien und Nachrichtenagenturen spielt keine Rolle. Auch für die Anzeigenakquisition ist die Nähe zu Werbeagenturen oder Werbetreibenden nicht wichtig, da in allen großen Städten der Bundesrepublik eigene Büros der Verlage dafür zuständig sind. Und vom Lesermarkt gesehen spielt Hamburg auch - außer bei den Stadtmagazinen - eine untergeordnete Rolle.
Das lebendige Umfeld ist auch ein wichtiger Grund dafür, daß alle Verlage einen Standort in der Innenstadt bevorzugen (vgl. Abb. 15). Einer der befragten Medienexperten sagte dazu: "In der City Nord würden unsere Redakteure vereinsamen."
Daneben spielen gute Verkehrsanbindungen (insbesondere zum Flughafen) und die Möglichkeit für die Mitarbeiter, Besorgungen zu erledigen und essen zu gehen[188], eine wichtige Rolle.
Vorherrschend ist die Überzeugung, daß Hamburg auch weiterhin der Standort für die Zeitschriftenverlage bleiben wird. Daran wird auch die Entscheidung der Bundesregierung, den Regierungssitz nach Berlin zu verlegen, nichts ändern. Keiner der befragten Verlage hat die Absicht, mittelfristig nach Berlin umzuziehen oder auch nur die Redaktionen dorthin zu verlagern. Dies würde keine Vorteile bringen, da Berlin sich erst einmal zu einer Metropole entwickeln müsse und die Umzugskosten viel zu hoch wären.
Auch die Versorgung der sich vergrößernden Verlage mit Grundstücken in Hamburg ist ausreichend, so daß ein Wegzug aus Hamburg nicht notwendig wird.

187 Verlagsunternehmen nehmen überdurchschnittlich stark Werbeagenturen in Anspruch. Dies geschieht insbesondere bei der Einführung von neuen Objekten. So hat die Verlagsgruppe Milchstraße bei der Einführung der Innovation "TV-Spielfilm" ca. 10 Mio. DM für Werbung ausgegeben.

188 Dies ist wegen der unregelmäßigen, nicht auf den klassischen Achtstundentag begrenzten Arbeitszeiten wichtig.

Die zuständigen Behörden haben sich in den letzten Jahren nach Ansicht der Befragten großzügig bei neuen Bauvorhaben oder Erweiterungsbauten der Verlage erwiesen.[189] Nachdem es dem Spiegel-Verlag, dessen rund 1.000 Mitarbeiter gegenwärtig noch in acht Betriebsstätten über die ganze Innenstadt verstreut sind, nicht gelungen war, eine Baugenehmigung für das Gelände in der Nähe der Michaelis-Kirche zu erhalten und er mit seinem Wegzug aus Hamburg drohte, zeigte er sich zwischenzeitlich mit dem Grundstück in der Nähe des Deichtorplatzes zufrieden. Sein Verbleib in Hamburg ist aber auch dadurch gesichert, daß er sich Anfang 1994 entschied, statt des geplanten Neubaus als Mieter in das ehemalige IBM-Gebäude an der Ost-West-Straße zu ziehen.[190] Zufrieden ist auch Gruner + Jahr mit dem Gelände am Hafen, wo bereits sein neues Gebäude steht und noch ausreichend Grundstücksreserven für weitere Bauten vorhanden sind. Auch der Axel Springer Verlag will weiterhin die beiden Standorte Berlin und Hamburg beibehalten, zumal die Entfernung nicht so groß ist und die Kosten, die durch die räumliche Trennung verursacht werden, sich in Grenzen halten. So wurde im April 1994 mit dem dritten Bauabschnitt des Erweiterungsbaus für das Verlagshaus in der Hamburger Neustadt begonnen, womit sich der Verlag nach Unternehmensangaben zum Standort Hamburg bekennt.[191]

189 Dem war nicht immer so: Als der Bauer Verlag Mitte der 70er Jahre eine Druckerei am Rande von Hamburg errichten wollte, um die Tiefdruckerei aus der Innenstadt zu verlagern, gab es Probleme mit dem Bezirksamt Altona. Deshalb entschied sich Bauer, seine Druckerei in Köln zu erweitern.

190 Vgl. Die Welt vom 2./3. April 1994.

191 Hamburger Abendblatt vom 24. März 1994.

Abb.15: Regionale Verteilung der Zeitungs-, Zeitschriften- und Buchverlage

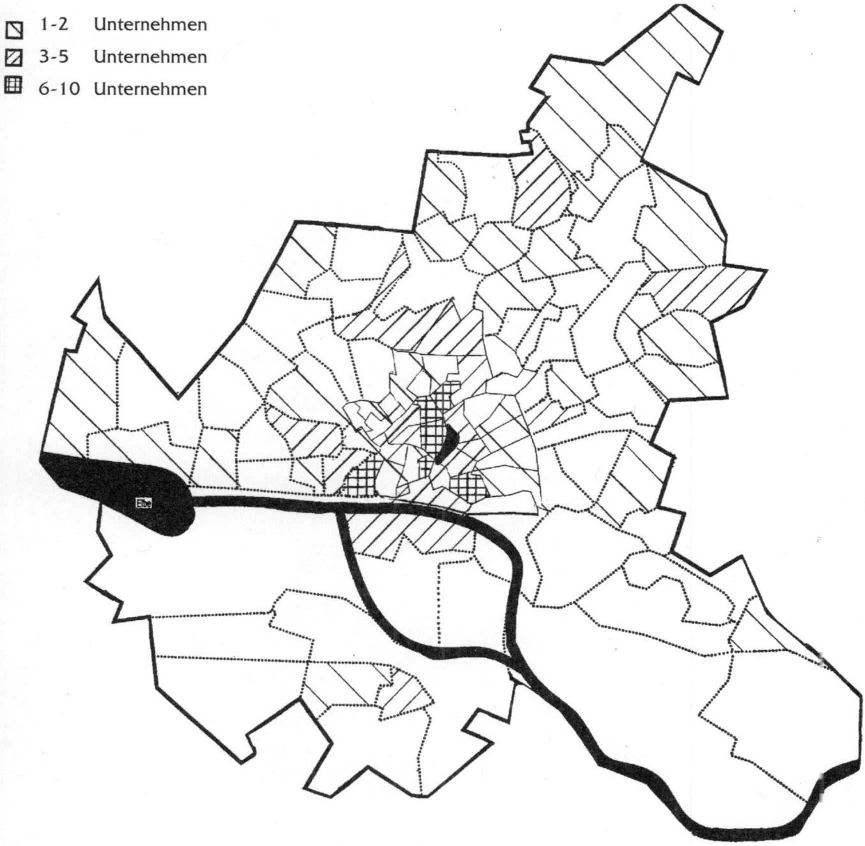

Quelle: Eigene Zusammenstellung basierend auf Unternehmensanschriften aus Verlagsgruppe Deutscher Fachverlage (Hrsg.), 1992

IV. WERBEWIRTSCHAFT

1. Die Entwicklung der Werbewirtschaft in den 80er Jahren

Der Bereich Werbung ist von der Anzahl der Beschäftigten und vom Umsatz her gesehen der zweitwichtigste Bereich der Hamburger Medienwirtschaft.

Nach unseren Berechnungen beträgt der Anteil der im Bereich Werbung sozialversicherungspflichtig Beschäftigten an der Summe der in der gesamten Medienwirtschaft sozialversicherungspflichtig Beschäftigten 20,3 % (1993)[192] und der Anteil des von Hamburger Werbeunternehmen erzielten Umsatzes 20,6 % (1992) (vgl. Abb. 5 und Abb. 6 in Kap. II.4).[193]

Ähnliche Prozentzahlen ergeben sich aus 1991 von der Handelskammer Hamburg erhobenen Daten, nämlich 21,3 % für die Beschäftigten und 22,1 % für den Umsatz.[194]

Die folgende Abbildung zeigt die Entwicklung für Beschäftigte, Anzahl der Unternehmen und Umsatz (real)[195] des Bereichs Werbung in Hamburg auf.

192 Eigene Berechnung aus: Statistisches Landesamt Hamburg, unveröffentlichte Daten. Dieser Anteil wird dadurch noch vergrößert, daß in Werbeunternehmen im Vergleich zu anderen Unternehmen der Medienwirtschaft überproportional viele tätige Inhaber und freie Mitarbeiter arbeiten (vgl. Richert/Thiel/Weilepp, 1987, S. 116, S. 118).

193 Eigene Berechnung aus: Statistisches Landesamt Hamburg, unveröffentlichte Daten.

194 Eigene Berechnungen aus: Plath, 1993.

195 Zur Deflationierung wurde die Inflationsrate herangezogen.

Abb. 16: Die Entwicklung wichtiger Indikatoren im Bereich Werbung (1984=100)

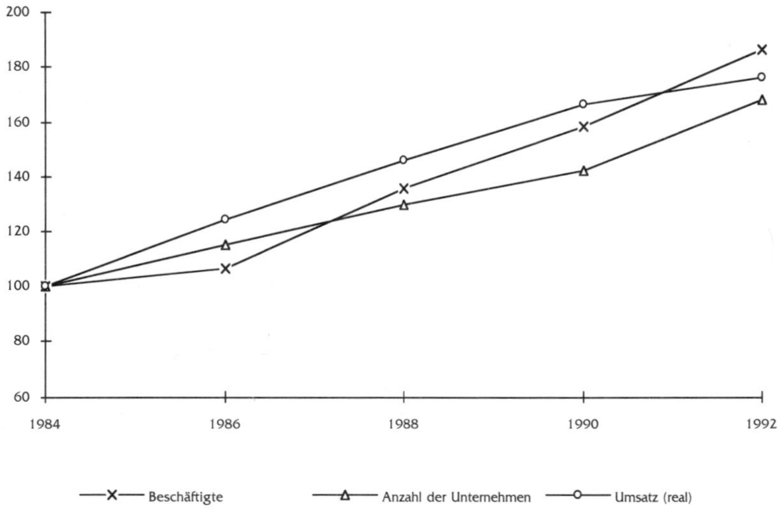

Quellen: Landesarbeitsamt Nord, Statistisches Landesamt Hamburg

Vom Gesichtspunkt der Beschäftigung her war der Bereich Werbung in den vergangenen zehn Jahren der expansivste Sektor der Hamburger Medienwirtschaft. Die Anzahl der sozialversicherungspflichtig Beschäftigten lag 1993 mit 7.718 um 83 % höher als 1983.[196] Etwas niedrigere Zuwachsraten sind beim Umsatz (real) und bei der Anzahl der Unternehmen zu verzeichnen. Zwischen 1984 und 1992 erhöhte sich die Anzahl der Werbeunternehmen von 1.307 auf 2.194.[197] Selbst in der ersten Hälfte der 80er Jahre, als die Hamburger Medienwirtschaft stagnierte, wuchs die Beschäftigung im Bereich Werbung leicht an.

196 Eigene Berechnung aus: Landesarbeitsamt Nord, 1992b sowie Statistisches Landesamt Hamburg, unveröffentlichte Daten. Die entsprechenden Zahlen der Handelskammer sind durchaus mit denen der amtlichen Statistik zu vergleichen, insbesondere wenn man berücksichtigt, daß die Zahl der tätigen Inhaber in letzterer nicht enthalten ist. Nach den Erhebungen der Handelskammer stieg die Anzahl der Beschäftigten zwischen 1980 und 1991 von 4.200 auf 10.370, wobei der größte Sprung in der Zeitspanne zwischen 1988 und 1991 zu verzeichnen ist.

197 Statistisches Landesamt Hamburg, 1986; unveröffentlichte Daten.

Die Anzahl der sozialversicherungspflichtig Beschäftigten nahm zwischen 1983 und 1986 um 7,9 % zu.[198] Dieser Zuwachs lag allerdings unter dem im Bereich Werbung bundesweit realisierten von 16 %.[199]
Von 1986 bis 1992 ist die Beschäftigung in Hamburger Werbeunternehmen durch einen Boom gekennzeichnet. Die dort jährlich durchschnittlich erzielten Steigerungsraten von 9,8 %[200] übertreffen sowohl die der Hamburger Medienwirtschaft als auch die bei den Werbeunternehmen bundesweit. 1993 sank die Beschäftigung in Hamburg allerdings erstmals innerhalb unseres Erhebungszeitraums, und zwar von 7.910 auf 7.718.[201] Im Bundesgebiet war dagegen ein bescheidener Zuwachs von 1,5 % zu verzeichnen.[202]

Abb. 17: Die Entwicklung der Anzahl der sozialversicherungspflichtig Beschäftigten im Bereich Werbung in Hamburg und im Bundesgebiet (alte Bundesländer) (1983=100)

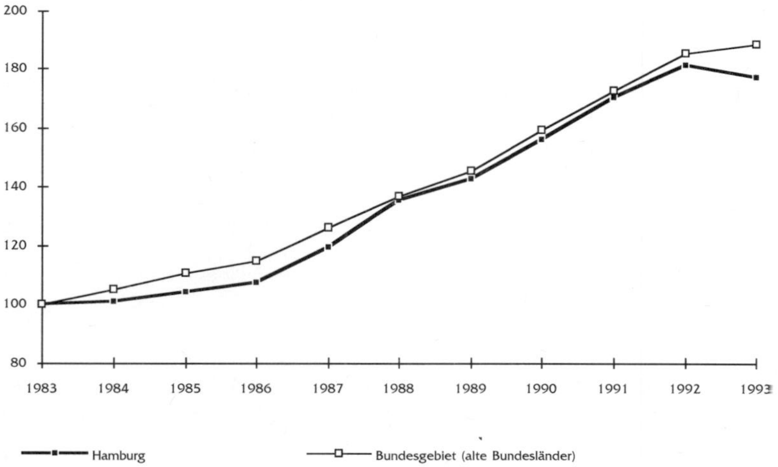

Quellen: Landesarbeitsamt Nord, BfA, Statistisches Landesamt Hamburg

198 Eigene Berechnung aus: Landesarbeitsamt Nord, 1992b.

199 Eigene Berechnung aus: Bundesanstalt für Arbeit, 1984 und 1987.

200 Eigene Berechnung aus: Landesarbeitsamt Nord, 1993b.

201 Landesarbeitsamt Nord, 1993b; Stat. Landesamt Ham., unveröffentlichte Daten.

202 Eigene Berechnung aus: Bundesanstalt für Arbeit, 1993, unveröffentlichte Daten.

Der Umsatz Hamburger Unternehmen im Bereich Werbung stieg zwischen '84 und '92 kontinuierlich von 1,8 Mrd. DM auf 3,8 Mrd. DM.[203] Er weist zwischen 1984 und 1990 höhere Steigerungsraten als im Bundesgebiet auf. Die höhere bundesweite Steigerungsrate 1992 ist auf die Einbeziehung der neuen Bundesländer zurückzuführen.

Abb. 18: Die Entwicklung des Umsatzes im Bereich Werbung in Hamburg und im Bundesgebiet (1984=100)

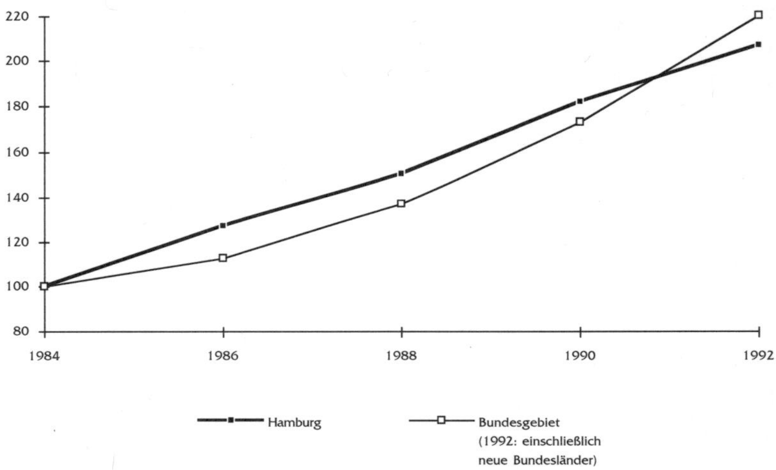

Quellen: Statistisches Landesamt Hamburg, Statistisches Bundesamt

Einen Hinweis auf die Größenstruktur der im Bereich Werbung tätigen Unternehmen gibt die folgende Tabelle, die die Situation im Jahr 1987 widerspiegelt. Die durchschnittliche Größe von 4,7 Beschäftigten pro Unternehmen deutet dabei auf relativ kleine Unternehmenseinheiten hin.[204]

203 Nach den Erhebungen der Handelskammer stieg der Umsatz im Bereich Werbung zwischen 1980 und 1991 kontinuierlich von 2,5 Mrd. DM auf 8,6 Mrd. DM an.

204 Statistisches Landesamt Hamburg, 1992a.

Tabelle 12: Struktur der Hamburger Werbeunternehmen nach Beschäftigtengrößenklassen

Größenklasse Zahl der Beschäftigten	Anzahl der Unternehmen 1987	Anzahl der Beschäftigten 1987
1	582	582
2-4	549	1.434
5-9	178	1.141
10-19	81	1.065
20-49	43	1.283
50-99	6	433
100-199	5	578
200-499	1	337
Summe	1.445	6.853

Quelle: Statistisches Landesamt Hamburg, 1992a.

2. Die Entwicklung in den einzelnen Sparten

In Anlehnung an die Systematik der Umsatzsteuerstatistik unterscheiden wir im folgenden Unternehmen, die Werbeberatung u. -vermittlung durchführen (Werbeagenturen) von denen, die auf dem Gebiet der Werbegestaltung und -durchführung tätig sind.

2.1. Werbeagenturen

In Hamburg sind die Werbeagenturen der wichtigere Teil der im Bereich Werbung arbeitenden Unternehmen. Sie erwirtschafteten 1992 über 75 % des Gesamtumsatzes aller Werbeunternehmen.[205] Deshalb wird im Rahmen einer Schwerpunktanalyse in Abschnitt 3 näher auf sie eingegangen.
Hamburg ist heute nach Frankfurt und Düsseldorf der drittwichtigste Standort für Werbeagenturen in Deutschland. 1991 erwirtschafteten die 15 unter den 100 größten deutschen Werbeagenturen vertretenen Hamburger Agenturen 19,8 % des von dieser Gruppe erzielten Umsatzes.[206]

205 Statistisches Landesamt Hamburg, unveröffentlichte Daten.

206 Eigene Berechn. mit Daten aus: Kellerer & Partner GmbH, Bd. 1, 1992, S. 104 f.

Dabei hat vor allem seit Mitte der 80er Jahre die Bedeutung Hamburgs als Standort für Werbeagenturen zugenommen. Dies hängt neben der guten Entwicklung von alteingesessenen Unternehmen wie z.B. der Lintas Deutschland[207], der DMB&B Deutschland, der MWI Markenwerbung International, der Wilkens Ayer - um nur einige zu nennen - hauptsächlich mit der schnellen Expansion junger Hamburger Unternehmen zusammen. Besonders heben sich dabei die 1979 bzw. 1981 gegründeten Agenturen Springer & Jacoby und Scholz & Friends hervor.[208] Spektakulär verlief auch die Entwicklung einiger erst ab Mitte der 80er Jahre gegründeter Hamburger Agenturen, wie Knopf, Nägeli, Schnakenberg; Baader, Lang, Behnken; MCCS und Jung/von Matt, die 1992 allesamt zu den 100 größten Werbeagenturen Deutschlands zählten.[209] Befanden sich 1988 noch sieben Hamburger Werbeagenturen unter den 50 größten deutschen Werbeagenturen nach Bruttoeinnahmen, waren es 1990 schon acht und 1991, 1992 und 1993 jeweils zehn.[210]

In Hamburg existieren Werbeagenturen verschiedenster Größenklassen nebeneinander. Neben den großen Werbeagenturen wie Lintas Deuschland mit rund 600, Springer & Jacoby und DMB&B Deutschland mit über 300 Mitarbeitern finden sich mittelgroße Unternehmen, wie MCC und Jung/von Matt mit jeweils knapp über 30 Mitarbeitern und zahlreiche Klein- und Kleinstunternehmen.[211]

Bevor in Abschnitt 3 im Rahmen einer Schwerpunktanalyse ihre Entwicklung genauer analysiert wird, seien folgende Grunddaten genannt: Der Umsatz der Werbeagenturen stieg zwischen 1984 und 1992 von 1,45 Mrd. DM kontinuierlich auf 2,82 Mrd. an. Im gleichen Zeitraum nahm die Anzahl der Unternehmen von 535 auf 759 zu. Die Entwicklung der dort Beschäftigten kann nicht direkt abgebildet werden, da die Statistik der Beschäftigten nach Wirtschaftszweigen nicht entsprechend fein untergliedert ist.

207 Dies ist mit einem Bruttoeinkommen von 125 Mio. DM und 612 Mitarbeitern die drittgrößte Werbeagentur Deutschlands (vgl. Beilage zu W&V 10/1993).

208 Beide Agenturen gehören derzeit zu den 15 größten Werbeagenturen Deutschlands (vgl. Beilage zu W&V 10/1993).

209 Vgl. Beilage zu W&V 10/1993.

210 Vgl. Horizont vom 11. März 1994; Kellerer & Partner GmbH, Bd. 1, 1992, S. 104 f. und Freie und Hansestadt Hamburg, Behörde für Wirtschaft, Verkehr und Landwirtschaft (Hrsg.), 1990, S. 39.

211 Vgl. Beilage zu W&V 10/1993.

Eine Annäherung über die Entwicklung der Beschäftigungssituation in den Hamburger Werbeagenturen liefert jedoch die Statistik der Beschäftigten nach Berufsgruppen mittels der Kategorie der Werbefachleute: Die Anzahl der in Hamburg tätigen Werbefachleute stieg Anfang bis Mitte der 80er Jahre leicht an, und zwar von 2.287 (1983) auf 2.398 (1986). In den folgenden Jahren wurden wesentlich höhere Zuwächse von jährlich durchschnittlich 240 erzielt. 1993 waren in Hamburg 3.940 Werbefachleute beschäftigt.[212]

2.2 Unternehmen der Werbegestaltung und -durchführung

Zu den Unternehmen der Werbegestaltung und -durchführung zählen u.a. Ateliers für Gebrauchsgraphik, Unternehmen, die Schaufenster gestalten, Unternehmen der Plakatanschlag- und Verkehrsmittelwerbung, der Film- und Lichtbildwerbung sowie Werbefunk und -fernsehen.

Der Umsatz aller dieser Unternehmen vergrößerte sich zwischen 1984 und 1992 von 362 Mio. DM auf 930 Mio DM. Im gleichen Zeitraum stieg die Anzahl der Unternehmen von 772 auf 1.399 an.[213]

Aus dem gleichen Grund wie bei den Werbeagenturen kann auch hier die Entwicklung der Beschäftigten nicht direkt abgebildet werden. Ein Trend kann allerdings aus der Entwicklung der Berufsgruppe Bildende Künstler und Graphiker, die zum großen Teil im Bereich Werbung arbeiten, abgelesen werden. Ähnlich wie bei den Werbefachleuten ist zunächst eine leichte Zunahme feststellbar, nämlich von 1.071 (1983) auf 1.174 (1986), bevor höhere Zuwachsraten erreicht wurden. 1993 waren in Hamburg 1.864 Bildende Künstler und Graphiker beschäftigt.[214]

212 Landesarbeitsamt Nord, 1992a sowie Landesarbeitsamt Nord, unveröffentlichte Daten. Hinzu kommen die hier nicht ausgewiesenen Beschäftigten der Werbeagenturen, die anderen Berufsgruppen, z.B. im administrativen und kaufmännischen Bereich, angehören.

213 Statistisches Landesamt Hamburg, 1986 sowie Statistisches Landesamt Hamburg, unveröffentlichte Daten.

214 Landesarbeitsamt Nord, 1992a sowie Landesarbeitsamt Nord, unveröffentlichte Daten.

3. Schwerpunktanalyse: Werbeagenturen

3.1 Der deutsche Werbemarkt

Güter und Dienstleistungen erzeugende Unternehmen nehmen entweder selbst Werbeinvestitionen vor oder beauftragen Werbeagenturen.
Im ersten Abschnitt wird auf die Entwicklung der Werbeinvestitionen in Deutschland - seien diese nun direkt durch die Unternehmen oder über zwischengeschaltete Werbeagenturen erfolgt - und deren Aufteilung auf die verschiedenen Medien eingegangen. Der zweite Abschnitt hat die Situation der von der Entwicklung der Werbeinvestitionen abhängigen Werbeagenturen zum Gegenstand.

3.1.1 Die Entwicklung der Werbeinvestitionen in Deutschland

Die in Deutschland getätigten Werbeinvestitionen sind in den letzten Jahren stark angestiegen, und zwar von 29,6 Mrd. DM (1984)[215] auf 48,8 Mrd. DM (1993).[216] Während die jährlichen Wachstumsraten der Werbeinvestitionen bis 1991 unter denen des BIP lagen, übertreffen sie für 1992 und 1993 das nominale Wirtschaftswachstum.[217] 1992 wurden 8,3 % mehr Werbeinvestitionen als im Vorjahr getätigt (das nominale BIP stieg um 7,5 %), 1993 waren es 3,4 % gegenüber 2,6 %.[218] Für 1994 rechnet der Zentralverband der deutschen Werbewirtschaft mit einem Zuwachs der Werbeinvestitionen von 3,3 % auf 50,4 Mrd. DM.[219]
Das im Vergleich zu fast allen europäischen Ländern und der USA ungewöhnlich hohe Werbewachstum hat zwei Ursachen.
Zum einen hält im Bereich der Fernsehwerbung der Nachholbedarf, insbesondere der Markenartikelindustrie, nach der Zulassung priva-

215 Kellerer & Partner GmbH, Bd. 1, 1992, S. 109.

216 Horizont vom 3. Juni 1994.

217 Vgl. Horizont vom 3. Juni 1994.

218 Eigene Berechnung aus: Horizont vom 3. Juni 1994.

219 Horizont vom 3. Juni 1994.

ter TV-Veranstalter an.[220] Zum anderen wurden nach der Vereinigung Deutschlands zusätzliche Werbeinvestitionen der westdeutschen Industrie und des Handels in den neuen Bundesländern getätigt.
Auch die Aussichten für die 90er Jahre werden positiv beurteilt. Aufgrund der Vereinigung ist Deutschland nun der kaufkräftigste Absatzmarkt Europas, und der EG-Binnenmarkt wird den Wettbewerb auf dem deutschen Markt anregen. Beides wird sich nach Ansicht der Befragten positiv auf das Werbeinvestitionsverhalten auswirken. Außerdem wird erwartet, daß die ökonomische Entwicklung in Osteuropa auch der Werbung, insbesondere in Deutschland, zusätzliche Impulse geben wird.
Andererseits besteht aber auch die Möglichkeit, daß der rezessive Wirtschaftsverlauf in Deutschland bei den Unternehmen kein antizyklisches Verhalten auslösen wird und sie ihre Werbeinvestitionen verringern werden.

3.1.2 Die Entwicklung der Werbeagenturen in Deutschland

Auch die Werbeagenturen haben in den vergangenen Jahren von der Steigerung der Werbeinvestitionen profitiert. Ihr Umsatz stieg zwischen 1984 und 1990 von 6,1 Mrd. DM auf 12,6 Mrd. DM.[221] Das Bruttoeinkommen der im Gesamtverband Werbeagenturen (GWA) zusammengeschlossenen Unternehmen stieg von 1,7 Mrd. DM (1990) auf 1,8 Mrd. DM (1991). Damit betreuten sie ein Werbevolumen von 12,1 Mrd. DM.[222] Berücksichtigt man, daß auf die im GWA zusammengeschlossenen Unternehmen 85 % der agenturrelevanten Werbeinvestitionen entfallen[223], ergibt dies für 1991 ein betreutes Werbevolumen von 14,2 Mrd. DM, das sind 33,7 % aller Werbeinvestitionen.

220 1985 wurden insgesamt noch 3,6 Stunden TV-Werbung pro Tag auf allen verfügbaren Kanälen gesendet; 1992 betrug die Sendezeit rund 8 Stunden. Das Werbefernsehen erreichte 1991 mit einem Plus von 846 Mio. DM den größten Zuwachs an Werbeeinnahmen (ZAW (Hrsg.), 1992, S. 17). Dieser Sondereffekt wird nach Meinung unserer Gesprächspartner jedoch höchstens bis Mitte der 90er Jahre anhalten.

221 Statistisches Landesamt Hamburg, 1986 und 1993.

222 ZAW (Hrsg.), 1992, S. 147.

223 Angabe der ZAW (Hrsg.), 1992, S. 147.

Dabei hat nach Angaben des ZAW gleichzeitig eine Konzentration und eine Spezialisierung und Diversifizierung der Werbeagenturen stattgefunden. 1991 entfielen auf die 19 umsatzstärksten Agenturen fast 60 % aller Bruttoeinnahmen.[224]

Zwischen den Werbeagenturen herrscht ein harter Wettbewerb. Dies betrifft sowohl den Arbeitsmarkt für Kreative, wo es allgemein üblich ist, gute Leute durch hohe Gehälter von Konkurrenten abzuwerben, als auch den Kampf um die Kunden.[225] Dies fängt bei Verstößen gegen die Richtlinien des GWA (z.B. kostenlose Präsentationen von Werbekampagnen) an und geht sogar so weit, daß Agenturen den Werbetreibenden einen Teil ihres Honorars zurückerstatten.[226] Trotz der oben aufgeführten Steigerungsraten darf nämlich nicht übersehen werden, daß sich die Erlössituation bei den Werbeagenturen verschlechtert hat. Das hat seine Ursachen sowohl in steigenden Service-Anforderungen von seiten der Kunden als auch in wachsenden Agenturkosten. Außerdem muß man berücksichtigen, daß nicht alle Werbeagenturen gleichmäßig von den gewachsenen Werbeinvestitionen profitieren.

Zudem machen sich bei den deutschen Tochtergesellschaften großer internationaler Agenturketten Etatkürzungen und Umsatzrückgänge auf den ausländischen Werbemärkten bemerkbar, die oft durch international tätige Auftraggeber verursacht wurden.

Die Verschlechterung der wirtschaftlichen Rahmendaten in den beiden letzten Jahren in Deutschland hat sich bisher noch nicht proportional auf den Werbesektor übertragen.

Hohen Aufstockungen bei einigen Agenturen - u.a. Ergebnis von antizyklischem Verhalten einiger Wirtschaftszweige - stehen empfindliche Etatkürzungen bei anderen gegenüber. Eine Umfrage des GWA ergab, daß 80 % aller Werbeagenturen positiv oder negativ von der Rezession betroffen wurden.[227]

Das Bruttoeinkommen der 200 größten deutschen Werbeagenturen stieg im Jahre 1993 um 5,3 %, nämlich von 2,69 Mrd. DM auf

224 Kellerer & Partner GmbH, Bd. 1, 1992, S. 105.

225 Ein Gesprächspartner äußerte: "Es herrscht ein gnadenloser Wettbewerb um Kunden. Die Agenturen laufen alle mit offenem Messer in der Tasche herum."

226 Gewöhnlich erhalten Werbeagenturen von den Werbeträgern 15 % der Schaltungskosten als Provision für ihre Tätigkeit als Werbemittler.

227 Vgl. Handelsblatt vom 6. August 1993.

2,84 Mrd. DM, die Beschäftigung nahm allerdings nur um 0,7 % von 13.626 auf 13.718 zu.[228]

3.2 Unternehmensstrategien der Werbeagenturen

Bei dem Wettbewerb um Kunden und Etats setzen viele Werbeagenturen auf hohe Qualitätsstandards und die Schaffung eines guten Images ihrer Agentur. Häufig kann man allerdings auch die Praxis einer Preisunterbietung der Konkurrenten durch eine teilweise Rückvergütung des Agenturhonorars feststellen.
Weitere Strategien sind die Spezialisierung auf bestimmte Aufgaben, Werbeformen oder Produkte, die Vergrößerung der Marktanteile durch Zukauf von Unternehmen insbesondere im Ausland und die Schaffung effizienter Organisationsstrukturen.

3.2.1 Vertikale Konzentration, Outsourcing und Spezialisierung

Die Tätigkeit von Werbeagenturen kann Beratung, Konzeption, Kreation und Medieneinkauf umfassen. Nimmt eine Agentur alle oben genannten Arbeiten war, spricht man von einer Full-service-Agentur.
Es gibt aber auch Werbeagenturen, die sich auf bestimmte Aufgaben spezialisiert haben. Unternehmensschwerpunkt von mehreren Unternehmen ist dabei der Bereich Mediaberatung, -planung und -abwicklung. So hat sich die Initiativ Media, eine Tochtergesellschaft der Lintas, auf den Medieneinkauf spezialisiert, den sie sowohl für die Lintas selbst als auch für andere Werbeagenturen übernimmt.[229] Der Vorteil der Einschaltung einer Media-Agentur besteht für die Werbeagenturen darin, daß sie für diese Aufgabe keine Mitarbeiter im eigenen Haus beschäftigen und nicht die Kosten für die Schaltung der Werbung vorfinanzieren müssen.[230]
Andere Spezialisierungen können die Art der Werbung betreffen. Nichtklassische Werbeformen, wie Verkaufsförderung und Direct-Marketing[231], erhalten einen immer größeren Stellenwert. Es gibt

228 Horizont vom 11. März 1994, S. 71.

229 Eine Media-Agentur erhält gewöhnlich 1-2 % der Schaltungskosten für ihre Tätigkeit.

230 Die Kunden erstatten den Werbeagenturen, die die Media-Schaltung für sie vornehmen, erst nach vier bis sechs Wochen die daraus angefallenen Kosten.

231 Dabei werden Interessenten z.B. durch Anschreiben direkt umworben.

Werbeagenturen, die sich auf Direct-Marketing spezialisiert haben. In dem Medienbranchenverzeichnis "Hamburg kommuniziert" finden sich 30 Adressen von Direct-Marketing-Agenturen.[232] Neben unabhängigen Unternehmen befinden sich auch die Tochtergesellschaften großer Werbegesellschaften darunter, wie die Wilkens Ayer direct Agentur für Directmarketing GmbH und Lintas Marketing Communications GmbH.[233]
Wieder andere Spezialisierungen sind aus dem Charakter des beworbenen Produkts abgeleitet oder beziehen sich auf ein Teilgebiet der Werbung. Es finden sich Unternehmen mit dem Schwerpunkt Printwerbung im Bereich der Industrie-, Dienstleistungs- und Imagewerbung, für die die Kay Tangermann Werbeagentur ein Beispiel ist.[234]
Während bei den oben beschriebenen Tätigkeiten entweder große Agenturen Tochtergesellschaften für spezielle Aufgaben gründen, die Zuständigkeit in bestimmte Abteilungen verlagern oder sich spezialisierte Unternehmen bilden, werden bestimmte Tätigkeiten von den Werbeagenturen nie selbst durchgeführt.
102 Mit Photographieren, Filmproduktion, Druck und Vorbereitung von Prospekten werden in der Regel Dienstleister beauftragt. Zum überwiegenden Teil handelt es sich dabei um stabile Beziehungen zwischen Werbeagentur und Dienstleister. Weitere Dienstleister, die in Anspruch genommen werden, sind Modellagenturen und Illustratoren.

3.2.2 Interne Strukturen der Unternehmen

Ähnlich wie bei den Zeitschriftenverlagen ist auch innerhalb von Werbeagenturen die Bildung von kleinen selbständigen Einheiten zu beobachten. Mit diesen kleinen, eigenverantwortlich handelnden

232 Vgl. Verlagsgruppe Deutscher Fachverlag (Hrsg.), 1992, S. 29 ff.

233 Diese Gesellschaft entstand 1993 durch die Fusion der Lintas Direkt mit der Lintas Sales Communications (vgl. Horizont Nr. 38 vom 24. September 1993, S. 25). Eine weitere Tochtergesellschaft der Lintas Deutschland, die sich auf Direct-Marketing spezialisiert hat, ist die Max Kamer GmbH in Wiesbaden.

234 Die Ausrichtung der Kay Tangermann Werbeagentur mit dem Schwerpunkt Print erfolgte schon vor 30 Jahren. Bereits 1901 als eine der ersten deutschen Annoncenexpeditionen gegründet, war ihr als traditionellem Hamburger Handwerksunternehmen eine Druckerei, Lithographieanstalt, Buchbinderei und eine Buchhandlung angegliedert.

Einheiten soll das kreative Potential besser ausgeschöpft und die Geschäftsführung von der Tagesarbeit entlastet werden.
Weltweit organisierte Holdings erwarten, damit die Vorteile einer kleinen Werbeagentur, nämlich mehr Verantwortung, mehr Unternehmertum und größere Flexibilität, mit der Marktmacht eines großen Networks zu verbinden.
Weltweit organisierte Werbeunternehmen sind in der Regel in mehrere selbständig operierende Ländergesellschaften unterteilt. Die Organisationsstruktur eines solchen Werberiesen wird im folgenden am Beispiel der Lintas Worldwide erläutert.
In einer Umstrukturierung der Lintas-Organisation wurde 1991 die Trennung zwischen Lintas USA und Lintas International aufgegeben; stattdessen wurde Lintas Worldwide mit den drei geographischen Zonen Amerika, Asien/Pazifik und Europa/Afrika/Mittlerer Osten geschaffen. Lintas Europe ist mit 78 Büros in 19 Ländern[235] u.a. mit der Landesgesellschaft Lintas Deutschland vertreten. Diese fungiert wiederum als Holding für kleinere, als profit center arbeitende Unternehmen. So gehören zu Lintas Deutschland Lintas Hamburg, Lintas Frankfurt, Initiativ Media, Lintas Marketing Communications und CMS Creative Media Service. Dabei nehmen die verschiedenen Unternehmen verschiedene Aufgaben wahr. So ist z.B. Initiativ Media dafür zuständig, für die zur Lintas Holding zählenden Unternehmen die Mediaplanung und -schaltung vorzunehmen. Auch innerhalb der einzelnen Unternehmen gibt es wiederum das Prinzip der Delegation von Verantwortung. Dies geht aber nicht so weit, daß profit center gebildet werden. Bei Lintas geht man nämlich davon aus, daß gerade seine Größe von mehr als 400 Mitarbeitern in Hamburg ihm Wettbewerbsvorteile verschaffe, da es seinen Kunden eine große Palette an Kreativen anbieten kann.
Die entgegengesetzte Strategie findet sich z.B. bei der national operierenden Agentur Springer & Jacoby. In diesem Unternehmen fand 1986 durch die Bildung von sogenannten Units eine Dezentralisierung statt. Davon verspricht sich Springer & Jacoby sowohl Vorteile für die Kunden, die überschaubaren Einheiten gegenüberstehen, als auch einen Motivationsanreiz für seine Mitarbeiter, die so schneller höhere Positionen erlangen und direkt am Erfolg beteiligt werden können.

235 Lintas Deutschland (Hrsg.), 1993.

Zur Zeit umfaßt die Holding sieben selbständige GmbHs, die aus bis zu 30 Mitarbeitern (Berater, Kreative und Team-Assistenten) bestehen. Sobald eine Unit zu groß wird, wird eine neue gegründet. Neben den kreativen Units arbeiten noch drei Service-Units in der Holding, nämlich die Unit Media (zuständig für Medieneinkauf und -planung), die Unit Produktion (zuständig für den Kontakt zu den produzierenden Dienstleistern) und die Unit Administration.

3.2.3 Zukauf von Marktanteilen und Internationalisierung

In den 80er Jahren haben sich durch Übernahmen und Fusionen weltweit verzweigte Agenturkonglomerate gebildet. Den Anfang machte zu Beginn der 80er Jahre die als "Elefantenhochzeit" in die Schlagzeilen eingegangene Übernahme der weltweit siebtgrößten Agenturkette SSC&B Lintas International durch die US-amerikanische Interpublic Group of Companies, unter deren Dach sich zu diesem Zeitpunkt bereits die internationale Agentur McCann-Erickson befand.

 Eine weitere wichtige Station in dem Konzentrationsprozeß war 1986 der Erwerb der drei großen US-Agenturen Ted Bates, Dancer-Fitzgerald-Sample sowie Bake & Spielvogel durch die Saatchi & Saatchi Holding, die damit zeitweise zur größten Werbeorganisation der Welt avancierte.

1987 respektive 1989 übernahm WPP (Wire & Plastic Products) die beiden US-amerikanischen Großagenturen J. Walter Thompson (JWT) und Ogilvy & Mather, 1990 folgte der Erwerb der internationalen Agenturkette Lowe Group durch die Interpublic Group of Companies.

Die WPP Group mit Bruttoeinnahmen von 2,7 Mrd. US-$, die Saatchi & Saatchi Holding mit Bruttoeinnahmen von 1,7 Mrd. US-$ und die Interpublic Group mit 1,65 Mrd. US-$ waren 1990 die drei größten Werbekonzerne der Welt.[236] Für 1992 ergibt sich folgendes Bild: Die WPP Group führt weiter mit 2,8 Mrd. US-$ Bruttoeinnahmen die Rangliste der großen Werbekonzerne an, gefolgt von der Interpublic Group mit knapp 2 Mrd. US-$ Bruttoeinnahmen, der Omnicon Group (DDB Needham, BBDO, TBWA) und Saatchi & Saatchi.[237]

Einige der in Hamburg ansässigen Werbeagenturen sind Landesgesellschaften dieser und anderer weltweit operierender Werbekon-

236 Neue Zürcher Zeitung vom 8. April 1991.

237 Handelsblatt vom 16. Juni 1993.

zerne. So gehört die Lintas Deutschland über Lintas Worldwide (New York) zur Interpublic Group, die DMB&B Deutschland ist eine Tochtergesellschaft der ebenfalls in New York ansässigen DMB&B Worldwide. Die Muttergesellschaft von Wilkens Ayer ist die Ayer Group in New York.
In den letzten Jahren haben ausländische Werbekonzerne auch Beteiligungen an deutschen Werbeagenturen erworben. Davon waren auch Hamburger Unternehmen betroffen. So ist die zur Omnicon Group gehörende BBDO Worldwide an der Agentur Economia beteiligt. 1993 erwarben der in Paris ansässige Konzern Publicis/FCB die Mehrheit an MWI und die in London sitzende Saatchi & Saatchi Holding die Mehrheit an der Werbeagentur Scholz & Friends.[238] Der vollständige Aufkauf soll in den nächsten drei bis fünf Jahren erfolgen.[239] Scholz & Friends glauben, nur durch die Zugehörigkeit zu einer internationalen Agenturkette im internationalen Wettbewerb gegen global agierende Agenturen bestehen zu können. Es sei zu spät, selbst ein internationales Netz unter deutscher Leitung aufzubauen.
Für Werbeagenturen, die unabhängig bleiben wollen, führt der Weg ins Ausland über Kooperationen mit ausländischen Werbeagenturen. So kooperiert die einzige große noch inhabergeführte Agentur Deutschlands, Springer & Jacoby, mit der britischen Agenturkette CDP (Collet-Dickenson Pearce & Partner). Diese Kooperation verläuft nach Angaben des Unternehmens ohne Kapitalverflechtungen und Verträge.
Neben dem allgemeinen Interesse großer Werbekonzerne zu wachsen ist das gestiegene Auslandsengagement bzw. die Internationalisierung der Werbeagenturen auf die zunehmende Internationalisierung des Wettbewerbs zurückzuführen. Dazu gehört die vermehrte Vergabe von europa- oder weltweiten Etats.[240] Die Unternehmen versprechen sich nicht mehr nur bei langlebigen Konsumgütern, sondern auch in Bereichen wie Nahrungs- und Genußmit-

238 Insgesamt plant Saatchi & Saatchi, für 19 Mio. Pfund Minderbeteiligungen an europäischen Tochtergesellschaften zu erwerben (Die Welt vom 21. Mai 1993).

239 Der Spiegel Nr. 26 vom 28. Juni 1993.

240 Lintas Europa z.B. hat 1991 30 gesamteuropäische Kampagnen für 20 europaweit agierende Unternehmen, wie Bauknecht, Bayer, IBM und Unilever, betreut (FAZ vom 12. Februar 1992). Ayer übernahm die europaweite Werbekampagne für Nivea.

teln, die noch am ehesten als eine Sache nationaler Gewohnheiten und Traditionen galten, Vorteile von grenzüberschreitender Distribution.

Werbeagenturen mit weltweiten Niederlassungen scheinen am besten dazu in der Lage, eine Basiskampagne an die jeweiligen nationalen Besonderheiten anzupassen.

3.2.4 Diversifizierung in andere Medienbereiche

Es gibt keine Anzeichen dafür, daß Unternehmen mit dem Schwerpunkt Werbeberatung, -konzeption und -kreation ihre Aktivitäten in andere Medienbereiche ausweiten. Allerdings gibt es Beteiligungen der großen europäischen Medienkonzerne an Werbeagenturen, auch wenn diese im Vergleich zu deren Engagement im Fernsehbereich gering ausfallen.[241] Ein bedeutender Anteil am Gesamtumsatz des italienischen Konzerns Fininvest, unter dessen Dach sich u.a. Verlagshäuser, Fernsehsender, Filmproduktionsgesellschaften und Einzelhandelsketten befinden, wird durch die Werbegruppe Publitalia erwirtschaftet, die knapp 40 % des italienischen Werbemarkts kontrolliert.[242]

Ein anderer großer europäischer Medienkonzern mit Beteiligungen an Werbeunternehmen ist das französische Unternehmen Hachette.[243]

241 Vgl. Luyken, 1990, S. 628.

242 Vgl. Focus Nr. 27 vom 5. Juli 1993.

243 Bei unseren Recherchen haben wir jedoch keine Verflechtungen von Hamburger Werbeagenturen mit den Werbung produzierenden oder vertreibenden Unternehmen (Verlage, Hörfunk- und Fernsehproduzenten/-veranstalter) festgestellt (vgl. Kellerer & Partner GmbH, Bd. 1, 1992, S. 229).

4. Standortfragen in der Werbewirtschaft

Die Entwicklung Hamburgs zu einem bedeutenden deutschen Zentrum für Unternehmen der Werbebranche ist noch relativ jung. Waren 1983 nur 0,58 % aller Hamburger sozialversicherungspflichtig Beschäftigten in Unternehmen der Werbebranche beschäftigt, waren es 1992 schon 1,00 %.[244] Hamburg konnte damit an der bundesweit ausgesprochen positiven Entwicklung dieses Wirtschaftsbereichs in dem vergangenen Jahrzehnt partizipieren.
Neben den schon in Abschnitt 3.1.1 genannten Gründen für die Steigerung der Werbeinvestitionen in Deutschland spielen für die Hamburger Entwicklung vor allem zwei weitere Faktoren eine wichtige Rolle. Zum einen gelang es in den 80er Jahren, das Image von der "Werbestadt Hamburg" aufzubauen, zum anderen bietet Hamburg den Werbeunternehmen das von ihnen als lebensnotwendig angesehene Umfeld einer Ballung von Wirtschaft und Kultur.
In der Werbebranche wird das Image des Standorts als äußerst wichtig erachtet, oder, wie es einer unserer Gesprächspartner formulierte: "Werbung ist ein 'Showbusiness', und deshalb muß auch die Adresse einer Werbeagentur stimmen." Deshalb hatten das Renommée einiger Hamburger Agenturen - wie z.B. der Ruf von Springer & Jacoby als eine der kreativsten Werbeagentur Deutschlands[245] und Auszeichnungen wie den Effie[246] für zahlreiche Hamburger Agenturen - eine Sogwirkung zur Folge. Werbefachleute aus anderen Städten wanderten nach Hamburg ab, um durch die Gründung einer eigenen Agentur oder Mitarbeit in einem Hamburger Unternehmen von dem Ruf der Hamburger Werbeagenturen, sich durch Frische und Kreativität auszuzeichnen, mit zu profitieren. Weitere Neugründungen ergaben sich dadurch, daß sich Mitarbeiter von Hamburger Werbeagenturen selbständig machten. Erfolgreiche Beispiele hierfür sind die Agenturen Baader, Lang,

244 Eigene Berechnungen aus: Landesarbeitsamt Nord, 1992b und 1993b.

245 Springer & Jacoby erhielt in den vergangenen Jahren für ihre Werbe-Ideen vom Artdirectors Club Deutschland immer die meisten Medaillen von allen Agenturen der Bundesrepublik.

246 Der Effie wird jährlich vom Gesamtverband Werbeagenturen vergeben und soll den "außergewöhnlichen Erfolg einer Werbeleistung für ein gesetztes Marketingziel" prämieren. Der Effie ist damit kein Preis für die ästhetisch ansprechendste Umsetzung einer Kampagne wie der Preis des Art Directors Club, sondern zeichnet die Effizienz einer Werbung aus.

Behnken und Jung/von Matt. Erstere wurde 1985 von den zuvor bei Scholz & Friends unter Vertrag stehenden Baader, Lang, Behnken gegründet. Jéan-Remy von Matt gründete 1991 die Werbeagentur Jung/von Matt, nachdem er von 1986 bis 1990 als geschäftsführender Gesellschafter bei Springer & Jacoby tätig war. Dabei kam den Jungunternehmern zugute, daß viele Industrieunternehmen ihre Etats weniger an bestimmte Agenturen, sondern vielmehr an bestimmte Betreuer vergeben. So verfügten Baader, Lang, Behnken schon bei der Gründung ihrer eigenen Agentur über den Etat des Otto-Versands.[247]

Der Aufbau des Rufs einer Werbestadt wurde durch das Image der "Medienstadt Hamburg", das viele Kreative nach Hamburg lockte und lockt, unterstützt. Aus diesem Gesichtspunkt heraus spielt auch die Existenz großer und anerkannter Medienunternehmen in Hamburg eine wichtige Rolle für die Werbebranche.

Es kann generell gesagt werden, daß Werbeagenturen Standorte bevorzugen, an denen eine Ballung aus Wirtschaft und Kultur existiert. Sie sind dagegen weniger am Freizeitwert einer Stadt interessiert.[248] Werbeagenturen brauchen als Umfeld ein hektisches Wirtschaftsleben. Werbeleute erhalten so Impulse von ihrer Umgebung und können schnell Trends, die Entwicklung von Produkten und Marken, Konsumenten- und Anbieterverhalten erkennen.

Außerdem ist die Attraktivität einer Großstadt wichtig, um junge Leute von außerhalb nach Hamburg zu ziehen - Werbeagenturen beschäftigen zum Großteil junge Leute.

Die beiden Faktoren, Image und ein reges wirtschaftliches bzw. vom Konsum geprägtes Umfeld, spielen auch für die Standortwahl der Werbeagenturen innerhalb der Stadt eine wichtige Rolle, so daß die meisten Unternehmen in der Innenstadt sitzen.[249] Die Abbildung 19 verdeutlicht die von den Werbeagenturen präferierte Lage in den Postleitzahlbezirken um die Alster herum.

247 Hamburger Abendblatt Nr. 49 vom 27. Februar 1992.

248 Die "Freizeitstadt" München ist kein bedeutender Standort für Werbeagenturen.

249 Ein weiterer Vorteil der Innenstadtlage besteht darin, daß auch außerhalb der üblichen Geschäftszeiten die Verkehrsverbindung gut ist und die Angestellten Bedürfnisse wie Einkaufen und Essengehen schnell befriedigen können.

Trotz der oben beschriebenen Standortvorteile Hamburgs ist die Werbebranche relativ gering in die Region Hamburg integriert. Dies äußert sich in den Beziehungen der Werbeunternehmen zu Dienstleistern, Kunden und Werbeträgern. Für die Hamburger Werbebranche ist bei der Inanspruchnahme von Dienstleistern der räumliche Aspekt in der Regel nicht entscheidend. So werden für Werbefilme zunehmend preisgünstigere ausländische Unternehmen, insbesondere britische, in Anspruch genommen. Die meisten Filme werden auch wegen des besseren Wetters im Ausland gedreht.
Wichtig ist die räumliche Nähe allerdings in den Bereichen, in denen verstärkt Rückfragen stattfinden müssen, wie Photographen, Illustratoren und Computergraphikern sowie Druckereien.
Zwischen werbetreibender Wirtschaft und Werbeunternehmen hat der regionale Bezug an Bedeutung verloren. Die Wirtschaftsunternehmen betrachten die räumliche Nähe zu Werbeagenturen wegen der Fortentwicklung und großen Verbreitung moderner Kommunikationstechnik und der Verbesserung der Infrastruktur für weniger wichtig als in der Vergangenheit.[250]
Die Agenturen in den wichtigsten Agenturstandorten Frankfurt, Düsseldorf und Hamburg, die Kunden in ganz Deutschland haben, betreuen allerdings immer noch einen überproportionalen Anteil von Kunden aus ihrer Region. Ein Drittel der Kunden von Lintas Hamburg kommt aus der Region Hamburg.
Überhaupt keine Rolle spielt nach Ansicht der Befragten die räumliche Nähe zwischen Werbeagenturen und Werbeträgern. So haben alle großen Hamburger Verlage Büros für das Akquisitionsgeschäft in fast allen anderen deutschen Großstädten.
Die zukünftige Entwicklung der Werbebranche in Hamburg wird von allen Befragten als positiv angesehen, vor allem im Vergleich mit der gesamtwirtschaftlichen Entwicklung, ohne daß allerdings die hohen Steigerungsraten der letzten Jahre weiter realisiert werden können. Dazu trägt das gefestigte Image von Hamburg als aufstrebende, neue Akzente setzende Werbestadt maßgeblich bei.[251]

250 Gerade die Erfindung des Fax hat bei den werbetreibenden Unternehmen zu einem Umdenken geführt. Früher dachten die Unternehmen bei der Auswahl einer Werbeagentur eher lokal, heute denken sie national, da das Gefühl der räumlichen Entfernung nicht mehr existiert.

251 1993 befanden sich unter den fünf kreativsten Agenturen Deutschlands mit Springer & Jacoby, Scholz & Friends und Jung/Matt drei Hamburger Unternehmen (Horizont Nr. 49 vom 10. Dezember 1993).

Berlin wird zumindest in nächster Zeit nicht als eine Standortkonkurrenz angesehen, da es bisher noch nicht eine von den Werbeunternehmen gewünschte Ballung von Wirtschaft und Kultur bietet. Deshalb wird es vorerst auch keine Abwanderung von Werbeagenturen nach Berlin geben.

Abb. 19 Regionale Verteilung der Werbeagenturen in Hamburg

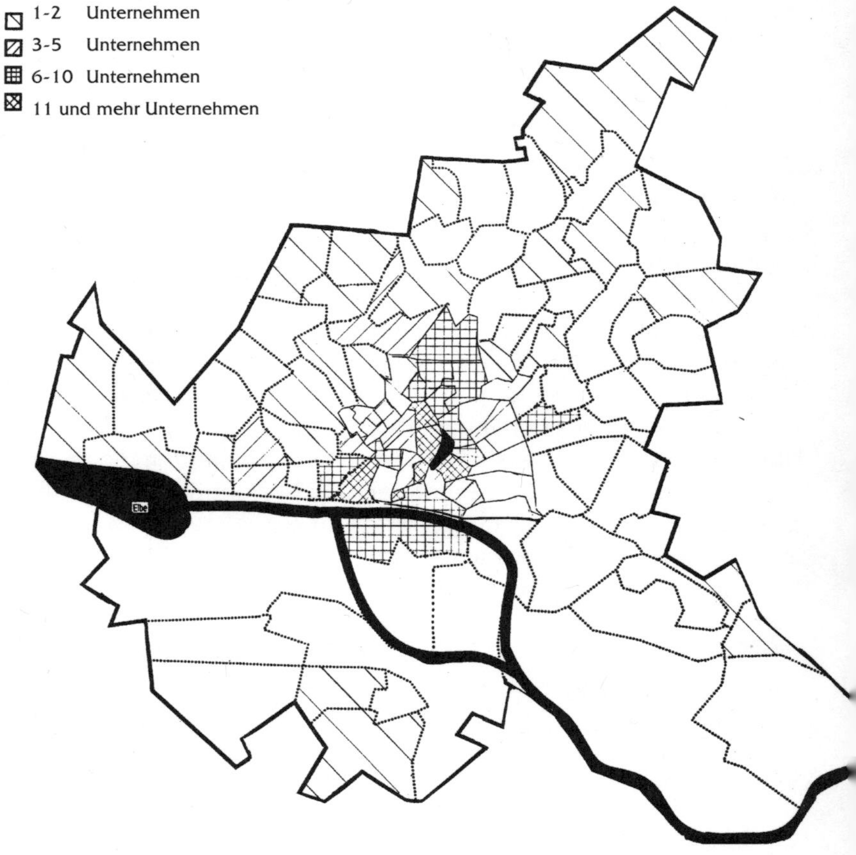

Quelle: Eigene Zusammenstellung basierend auf Unternehmensanschriften aus Verlagsgruppe Deutscher Fachverlag (Hrsg.), 1992

V. AUDIOVISUELLE MEDIEN

Den drittgrößten Bereich nach den Printmedien und der Werbung bilden die audiovisuellen Medien. Darunter werden im folgenden die Fernsehveranstalter, die Film-, Fernseh- und Videoproduktion die Synchronisation, die entsprechenden technischen Betriebe sowie die Vertriebsunternehmen[252] zusammengefaßt. Bei den statistischen Daten sind unter den Rundfunkveranstaltern in der Regel die Hörfunkveranstalter nicht getrennt nachweisbar, sondern in den genannten Daten enthalten und führen deshalb zu einer gewissen Überschätzung.

1. Die Entwicklung des Bereichs audiovisuelle Medien in den 80er Jahren

Betrachtet man die quantitativen Entwicklungstendenzen seit den 80er Jahren, so sieht man auch im audiovisuellen Sektor starke Expansion. Nach der Umsatzsteuerstatistik, die hier auch die Hörfunkveranstalter einschließt, hat sich die Zahl der Unternehmen zwischen 1984 und 1992 von 276 auf 563 verdoppelt, der Umsatz hat sich im gleichen Zeitraum sogar vervierfacht von 690 Mio. DM auf 2,9 Mrd. DM.[253] Die Zahl der sozialversicherungspflichtigen Beschäftigungsverhältnisse in diesem Sektor hat im gleichen Zeitraum stetig zugenommen von rund 4.000 auf ca. 5.300 (Abb. 20), hier ergibt sich aber ein markanter Anstieg im Jahre 1993 auf etwa 6.300 sozialversicherungspflichtig Beschäftigte (s.u.).

Die Zahl der Unternehmen des Bereichs audiovisuelle Medien mit Sitz in Hamburg wird für 1992 in der Umsatzsteuerstatistik mit 563 beziffert[254]; in den Angaben der Handelskammer für 1991 werden 450 Unternehmen genannt.[255]

252 Einschließlich Filmtheater, aber ohne Videotheken.

253 Statistisches Landesamt Hamburg, 1986; unveröffentlichte Daten.

254 Statistisches Landesamt Hamburg, unveröffentlichte Daten.

255 Plath, 1993.

Abb. 20: Die Entwicklung wichtiger Indikatoren im Bereich audiovisueller Medien (1984=100)

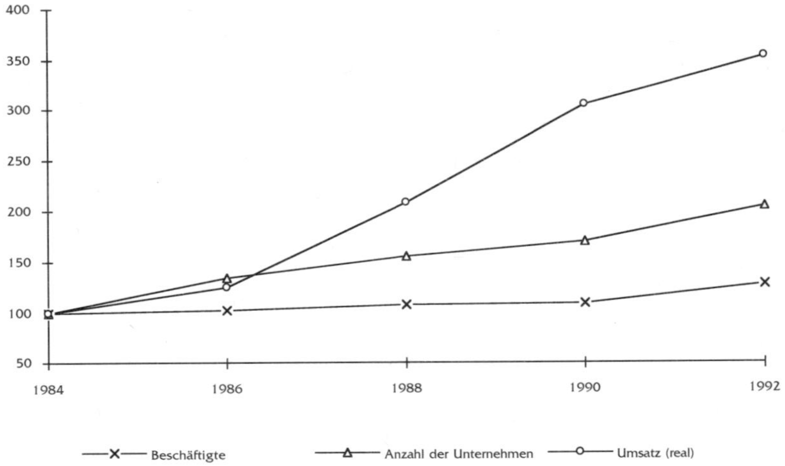

Quellen: Landesarbeitsamt Nord, Statistisches Landesamt Hamburg, eigene Schätzungen

Etwas geringere, aber stärker differenzierte Angaben ergeben sich aus einer 1991 durchgeführten Expertenbefragung, die bis zu 200 Film- und Fernsehproduktionen, 30 Werbefilmproduktionen, 10 Synchronstudios, bis zu 15 Postproduction-Unternehmen (ausgenommen die Einmannunternehmen) sowie 6 Fernsehveranstalter nennt.[256] Vergleicht man die Umsatzentwicklung der audiovisuellen Medien in Hamburg mit der im Bundesgebiet, so zeigt sich für Hamburg ein deutlich überproportionales Wachstum besonders in der zweiten Hälfte der achtziger Jahre (Abb. 21). Erst im Vergleich zwischen 1990 und 1992 ist das nominale Umsatzwachstum in Hamburg mit 25 % etwas geringer als die Veränderung im Bundesgebiet mit 29 % - darin ist aber auch der Zuwachs durch Beitritt der neuen Bundesländer enthalten.

256 Kammerer-Jöbges/Beissner, 1991, S. 4. Zusätzlich werden dort ca. 60 Tonstudios genannt, die in unserer Gliederung dem Audiobereich zugerechnet und dort diskutiert werden.

Nicht in der Umsatzsteuerstatistik erfaßt ist der Norddeutsche Rundfunk. Sein Haushaltsvolumen ist durch Gebührenerhöhungen und durch den Beitritt Mecklenburg-Vorpommerns zum NDR-Staatsvertrag zwischen 1984 und 1992 von 800 Mio. DM auf 1,3 Mrd. DM angestiegen, das ist ein Anstieg von nominal 63 % (vgl. Abb. 21).

Abb. 21: Die Entwicklung der Umsätze im Bereich audiovisuellen Medien (inkl. Hörfunkveranstalter) in Hamburg und im Bundesgebiet sowie des Haushaltsvolumens des NDR (1984=100)

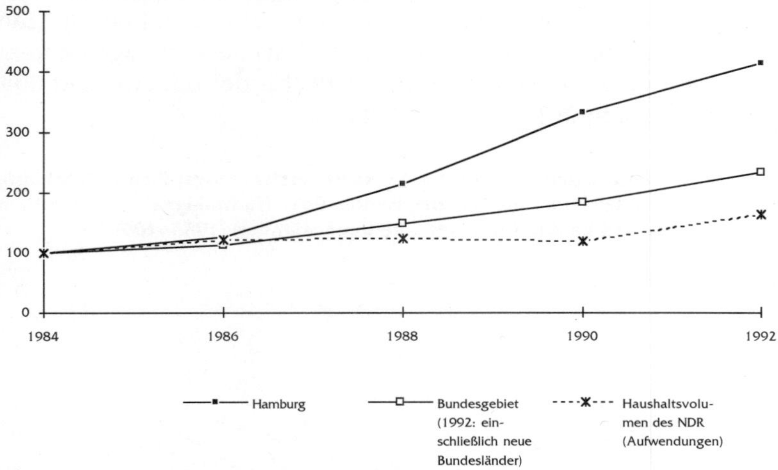

Quellen: Statistisches Landesamt Hamburg, Statistisches Bundesamt, ARD

Die Zahl der festangestellten Beschäftigten in den audiovisuellen Medien wird von der Handelskammer mit etwa 5.000 im Bereich der Filmwirtschaft und 3.700 im Bereich der Rundfunkveranstalter und -zulieferer angegeben.[257] In der Statistik der Arbeitsverwaltung wird die Zahl der sozialversicherungspflichtig Beschäftigten in Bereich der audiovisuellen Medien und der Rundfunkveranstalter - bei etwas abweichender Systematik - für 1993 mit zusammen rund 7.800 Personen festgestellt;[258] zieht man die von uns geschätzte Zahl der Beschäftigten im Hörfunk ab, kommt man auf ca. 6.300.

257 Plath, 1993.

258 Statistisches Landesamt Hamburg, unveröffentlichte Daten.

Es ist allerdings zu beachten, daß gerade im Bereich der Film- und Fernsehproduktion die Beschäftigung freier Mitarbeiter von besonderer Bedeutung ist. Bei den Fernsehproduktionsunternehmen liegt die Zahl der freien Mitarbeiter regelmäßig um ein Vielfaches über der Zahl der Festangestellten.[259]
Die Entwicklung im Bereich der sozialversicherungspflichtigen Beschäftigungsverhältnisse ist über die Jahre von stetigem Wachstum geprägt, und zwar bis 1988 fast parallel zur Entwicklung im Bundesgebiet, danach kurzzeitig etwas schwächer. Ein bemerkenswerter Zuwachs ist dann zwischen Jahresmitte 1992 und Jahresmitte 1993 festzustellen - binnen eines Jahres hat in Hamburg die Zahl der Beschäftigten in diesem Sektor um fast tausend zugenommen und damit einen Wachstumsschub erreicht, der mit Abstand über dem bundesweiten Trend liegt (Abb. 22).

Abb. 22: Die Entwicklung der Anzahl der sozialversicherungspflichtig Beschäftigten im Bereich audiovisuelle Medien (inkl. Hörfunkveranstalter) in Hamburg und im Bundesgebiet (alte Bundesländer) (1983=100)

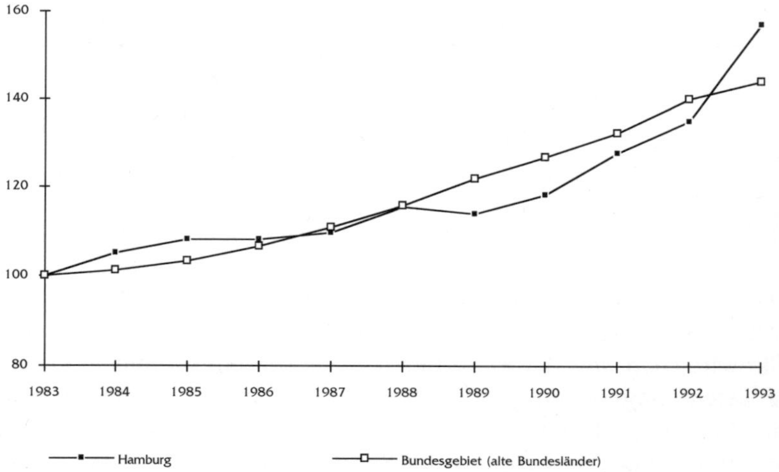

Quellen: Landesarbeitsamt Nord, Bundesanstalt für Arbeit, Statistisches Landesamt Hamburg

259 Kammerer-Jöbges/Beissner, 1991, S. 14 ff.

2. Die Entwicklung in einzelnen Sparten

2.1 Fernsehveranstalter

Am Standort Hamburg sind gegenwärtig sechs Fernsehveranstalter in großem Umfang tätig: Der Norddeutsche Rundfunk und der Pay-TV-Kanal Premiere haben hier ihren Hauptsitz, SAT 1 ist mit dem Informations- und Sportbereich in Hamburg ansässig[260], die Hamburger Rundfunkbeteiligungsgesellschaft (ein Tochterunternehmen von RTL) veranstaltet für Hamburg, Schleswig-Holstein und Niedersachsen das Fensterprogramm RTL Nord Live, RTL 2 produziert hier u.a. seine Nachrichtensendung und das ZDF betreibt ein Landesstudio. Bis 1992 hatte die KMP Kabel Media Projektgesellschaft, Veranstalter des Programms Tele 5, im Rahmen ihrer Lizenz für die terrestrische Verbreitung ein lokales Fensterprogramm für Hamburg ausgestrahlt; aufgrund der Umwandlung des Programms zum "Deutschen Sport-Fernsehen" wurde jedoch diese Zulassung widerrufen. Im März 1994 hat die Hamburgische Anstalt für Neue Medien entschieden, für ein regionales Fernsehprogramm die Anbietergemeinschaft "tv Hamburg - Hamburg 1" zuzulassen, an der der Axel Springer Verlag, der Geschäftsführer von OK Radio, Frank Otto, die DFA Deutsche Fernsehnachrichtenagentur (Bonn) sowie Time Warner maßgeblich beteiligt sind. Neben lokalen Programmanteilen ist ein Mantelprogramm der CLT vorgesehen; der Sendestart soll im Frühjahr 1995 erfolgen.

Der Norddeutsche Rundfunk ist durch den Beitritt des Landes Mecklenburg-Vorpommern zum NDR-Staatsvertrag zur Rundfunkanstalt für vier Länder geworden. Seit dem 1. Januar 1992 ist der NDR damit die zweitgrößte ARD-Anstalt nach dem WDR. Nach dem Wirtschaftsplan 1993 verfügt der NDR über 4.109 Planstellen. Davon sind ca. 2.900 Stellen in Hamburg angesiedelt, die übrigen in den Landesfunkhäusern und Studios in Mecklenburg-Vorpommern, Niedersachsen und Schleswig-Holstein. Die planmäßigen Aufwendungen nach dem Wirtschaftsplan 1993 betragen für den gesamten NDR 1,363 Mrd. DM.

260 Es ist jedoch geplant, das gegenwärtig auf drei Standorte verteilte Unternehmen am Standort Berlin zu konzentrieren.

Gleichwohl stehen beim NDR die Zeichen nicht mehr auf Wachstum. Die Einbeziehung Mecklenburg-Vorpommerns mildert vielmehr nur die Probleme, die sich bei allen öffentlich-rechtlichen Rundfunkanstalten aus den massiven Einbrüchen bei den Werbeeinnahmen ergeben haben: Aufgrund des Wettbewerbs privater Veranstalter haben ARD und ZDF im Jahre 1992 die ihnen zugestandenen Werbezeiten bei weitem nicht verkaufen können und daraufhin die Einschaltpreise drastisch gesenkt.[261] In zwei Phasen haben die Landesrundfunkanstalten für die Jahre 1992-1996 Wirtschaftlichkeits-, Spar- und Rationalisierungsmaßnahmen im Umfang von 2,6 Mrd. DM beschlossen. Davon entfallen auf den NDR annähernd 500 Mio. DM, die in erster Linie beim Programm- und Sachaufwand eingespart werden sollen.[262]

Premiere, das Pay TV-Gemeinschaftsunternehmen von ufa, Canal Plus und der Kirch-Gruppe, hat sich mit Redaktion und Sendetechnik auf dem Gelände von Studio Hamburg angesiedelt. Nach der Fertigstellung eines Neubaus ist Premiere ab dem Herbst 1994 mit allen seinen Mitarbeitern auf dem Gelände von Studio Hamburg tätig.

Bei SAT 1 sind die Redaktionen der Bereiche Information und Sport mit etwa 300 Mitarbeitern in der Hamburger City Nord ansässig; weitere 300 Beschäftigte sind am Hauptsitz des Unternehmens in Mainz tätig, in Berlin ist der Bereich Unterhaltung mit etwa 100 Beschäftigten angesiedelt. Diese Zersplitterung auf mehrere Standorte, die aus Rücksichtnahme auf Lizenzierungsentscheidungen der Länder zustandegekommen war, wird seit langem als kontraproduktiv eingeschätzt. Ende der achtziger Jahre war bereits eine Konzentration des gesamten Unternehmens am Standort Hamburg vorbereitet worden. Angesichts der Vereinigung der beiden deutschen Staaten ist dieses Vorhaben jedoch ausgesetzt worden, um die terrestrische Ausstrahlung in Berlin zu sichern. Denn bereits mit der Wirtschafts- und Währungsunion hatte diese Frequenz erheblich an ökonomischem Wert gewonnen, weil sie nicht mehr allein einen geringen Reichweitenzuwachs im bereits gut verkabelten Westteil der Stadt erzielte, sondern auch ein nunmehr kaufkräftiges Publikum im Ostteil Berlins und im gesamten Umland er-

261 Vgl. Erstes Sondervotum der Kommission zur Ermittlung des Finanzbedarfs der Rundfunkanstalten vom 26. Mai 1993.

262 Die beschlossenen Maßnahmen sind dokumentiert in der Beilage zum IW-Medienspiegel Nr. 47/1993 und Nr. 48/1993.

reichte. Im Herbst 1993 ist die Entscheidung gefallen, daß die wichtigsten Unternehmensbereiche von SAT 1 innerhalb der nächsten Jahre insgesamt nach Berlin übersiedeln sollen.

2.2 Fernsehproduktion

Neben der vom NDR im eigenen Hause betriebenen Fernsehproduktion haben sich auch zahlreiche private Fernsehproduzenten in Hamburg etabliert. Sie nutzen, wie auch der NDR und das ZDF, zum großen Teil die technischen Kapazitäten, die von Studio Hamburg angeboten werden, oder sie haben sogar ihre Büros direkt auf dem Gelände von Studio Hamburg.
Die etablierten Fernsehproduzenten, die sich durch die Mitgliedschaft im Bundesverband Deutscher Fernsehproduzenten e.V. auszeichnen[263], sind überwiegend in München, Berlin und Hamburg ansässig. Gegenwärtig haben 16 der 115 Mitgliedsunternehmen ihren Sitz in Hamburg. Daneben gibt es eine große Zahl kleiner Produzenten, die nur in geringem Umfang Zugang zum Fernsehen bekommen.
Die Umsatzsteuerstatistik des Jahres 1992 weist für Hamburg insgesamt 379 Unternehmen der Sparte "Filmherstellung" mit einem Umsatz von zusammen 2,0 Mrd. DM aus.[264] Darin sind auch filmtechnische Betriebe, Werbefilm und Kinofilm enthalten. Es ist anzunehmen, daß zwar nicht die Mehrheit der Unternehmen, wohl aber der überwiegende Teil der genannten Umsätze auf die Fernsehproduktion entfällt. Eine nähere Betrachtung der Fernsehproduktion folgt in Abschnitt 3.

2.3 Kinofilmproduktion

Nachdem Hamburg bis in die 60er Jahre ein Zentrum für die deutsche Kinofilmproduktion gewesen war, ist in den 70er Jahren die Produktion in Hamburg fast völlig zum Erliegen gekommen. Mit der Gründung der kulturellen Filmförderung im Jahre 1980 und der wirtschaftlichen Filmförderung im Jahre 1982 hat Hamburg wieder an Bedeutung gewonnen.[265] Mit dem Filmhaus und den Zeise Hallen

263 Voraussetzung für die Mitgliedschaft ist der Nachweis, mindestens 2 Std. Fernsehprogramm produziert zu haben, die im deutschen Fernsehen ausgestrahlt worden sind.

264 Statistisches Landesamt Hamburg, unveröffentlichte Daten.

265 Ziethen, 1987, S. 203.

wird eine öffentlich geförderte Infrastruktur für die Filmproduktion vorgehalten, darüber hinaus gibt es u.a. finanzielle Unterstützung durch Projektförderung. Insgesamt stehen für die kulturelle Filmförderung und für die wirtschaftliche Filmförderung jeweils ca. 8 Mio. DM pro Jahr zur Verfügung.

In der kulturellen Filmförderung, die zum einen Kurzfilme oder andere innovative Projekte, zum anderen programmfüllende Kinofilme fördert, wurden im Jahre 1993 insgesamt 37 Filmprojekte mit zusammen 7,2 Mio. DM gefördert, außerdem wurde für 32 Vorhaben die Förderung der Stoff- und Projektentwicklung mit einem Gesamtvolumen von 0,6 Mio. DM bewilligt.[266] Die wirtschaftliche Filmförderung unterstützt Spielfilme, die Aussicht auf wirtschaftlichen Erfolg haben. Seit Bestehen der wirtschaftlichen Filmförderung, von 1982 bis Januar 1994, wurden 99 Spielfilme mit insgesamt 49,4 Mio. DM bedingt rückzahlbaren Darlehen gefördert;[267] allein im Jahre 1993 waren es elf Filme mit einem Fördervolumen von 7,77 Mio DM.[268] Der Erfolg der Filmförderung ist schwer zu quantifizieren; die Rückflußquoten sind bisher sehr gering. Viele Filme gelan-

gen gar nicht in die Kinos oder erreichen nach der Uraufführung nur eine Laufzeit von wenigen Tagen, so daß es nicht zu einer wirtschaftlich relevanten Kino-Auswertung kommt. Stattdessen werden sie unter Verkürzung der Schutzfrist alsbald im Fernsehen ausgestrahlt. Im Ergebnis ist dann die Filmförderung eine indirekte Fernsehförderung. Eine direkte Fernsehförderung, mit der solche Projekte unterstützt werden, die von vornherein auf das Medium Fernsehen zugeschnitten sind, gibt es in Hamburg - anders als in Bayern, Berlin und Nordrhein-Westfalen - bisher nicht.

2.4 Werbefilmproduktion

Die Produktion von Werbefilmen liegt in Deutschland bei einer begrenzten Zahl kleiner, hoch spezialisierter Unternehmen. Anfang der 80er Jahre, als Fernsehwerbung allein auf die begrenzten Werbezeiten bei den öffentlich-rechtlichen Rundfunkanstalten verwiesen war, gab es nur wenige Werbefilmproduzenten, die den Markt unter

266 Hamburger Filmbüro (Hrsg.), 1994, S. 15.

267 Angaben des Film Fonds Hamburg.

268 Film Fonds Hamburg, 1994, S. 6.

sich aufgeteilt hatten. Seither hat die Zahl der Werbefilmproduzenten in Deutschland deutlich zugenommen.[269]
Im Verband Deutscher Werbefilmproduzenten sind heute 31 Unternehmen zusammengeschlossen.
Gut die Hälfte dieser Unternehmen ist in Hamburg und Umgebung ansässig[270], die übrigen vorwiegend in München. In den 70er und 80er Jahren stand München im Mittelpunkt des Interesses; mit der Stärkung Hamburgs als Standort für Werbeagenturen hat sich aber auch das Image und die Bedeutung Hamburgs für den Werbefilm verbessert. Der Verband Deutscher Werbefilmproduzenten hat erst vor wenigen Jahren seinen Sitz von München nach Hamburg verlegt.
Am Standort Hamburg sind die Werbefilmproduzenten wegen der Nähe zu Agenturen und Dienstleistern im citynahen Bereich angesiedelt. Sei einiger Zeit gibt es einen Trend, sich in Richtung Hafen oder Elbufer zu orientieren; es haben mittlerweile sechs oder sieben Unternehmen dort ein Büro. Eine markante Ausnahme ist das traditionsreiche Unternehmen Markenfilm mit Sitz in Wedel, das sich eine eigene Infrastruktur am Ort geschaffen hat.
Seit langem ist die Werbefilmproduktion ein internationales Geschäft, in dem in hohem Maße auch auf Kreative aus anderen Ländern zurückgegriffen wird, inzwischen aber auch internationaler Wettbewerb der Produzenten einsetzt. Insbesondere London hat sich als bevorzugter Standort mit großer Reputation herausgebildet, an dem in großem Maßstab auch Werbefilme für den deutschen Markt produziert werden. Seit etwa 1990 spüren die deutschen Produzenten massive internationale Konkurrenz; insbesondere ist es durch den starken Preiswettbewerb zu erheblichen Ertragsrückgängen gekommen. Vor diesem Hintergrund haben manche deutsche Produzenten eine Niederlassung in London errichtet, einige versuchen in den Bereich der Fernsehproduktion zu diversifizieren.

269 Die Umsätze der Werbefilmproduktion sind nicht allerdings nicht proportional zu den Aufwendungen für Fernsehwerbung gestiegen, denn die Werbespots werden nun häufiger ausgestrahlt.

270 Kammerer-Jöbges/Beissner, 1991, S. 4, sprechen von insgesamt maximal 30 Werbefilmproduzenten im Raum Hamburg.

2.5 Synchronisation

Der Schwerpunkt der deutschen Synchronisationsbranche hat sich in der Nachkriegszeit in Berlin entwickelt.[271] Noch immer ist hier Berlin führend, Hamburg und München folgen nach Einschätzung von Branchenkennern etwa gleichrangig. Die Synchronisation von Kinofilmen liegt nach wie vor fast ausschließlich in Berlin; dies wird u.a. auf die Berliner Steuerpräferenz zurückgeführt.

In Hamburg wird die Synchronisation von Fernsehprogrammen von weniger als zehn Unternehmen betrieben, die insofern vertikal integriert sind, als sie zugleich die Funktion des Produzenten und die des Studiobetriebs wahrnehmen.[272] Namentlich Studio Hamburg, Studio Funk und die Alster-Studios können auf eine längere Tradition zurückblicken. Sie sind es auch, die traditionell die nach Hamburg vergebenen Synchronisationsaufträge der öffentlich-rechtlichen Rundfunkanstalten erhalten haben.

Neue Unternehmen haben sich in den 80er Jahren zunächst über den Video-Bereich etablieren können. Seither ist durch den gestiegenen Programmbedarf der kommerziellen Fernsehveranstalter die Nachfrage nach Synchronisationsleistungen auch in Hamburg stark angestiegen. Allein bei Studio Hamburg hat sich das Auftragsvolumen innerhalb von fünf Jahren verzehnfacht von ca. 4.000 auf fast 40.000 Min. pro Jahr. Nachdem nun auch die kommerziellen Veranstalter zunehmend auf Eigenproduktionen setzen, bleiben aber weitere Zuwächse aus; das Geschäft der Synchronstudios stagniert auf hohem Niveau.

2.6 Filmverleih- und -vertrieb, Filmtheater

Für den Filmverleih und -vertrieb ist Hamburg nicht von herausragender Bedeutung. Nur noch zwei bekannte Verleihe (Arsenal und Impuls) sind hier ansässig; im Bereich des Rechtehandels sind die Unternehmen Capitol und NDR-International zu nennen. Die Umsatzsteuerstatistik für 1992 weist insgesamt 92 Unternehmen im Bereich Filmverleih und -vertrieb mit einem Umsatz von insgesamt 145 Mio. DM aus.[273]

271 Vgl. dazu und zur Entwicklung des Synchronisationsgeschäfts in Hamburg die eingehende Analyse von Steinkopp, 1987.

272 Demgegenüber sind in Berlin die Synchronstudios und die Synchronisationsunternehmen voneinander unabhängig.

273 Statistisches Landesamt Hamburg, unveröffentlichte Daten.

Von standortpolitischer Bedeutung ist in diesem Bereich auch die europäische Filmvertriebsförderung "efdo", ein Projekt des MEDIA-Programms, das in Hamburg angesiedelt wurde.
An Filmtheatern weist die Umsatzsteuerstatistik 1992 insgesamt 24 Unternehmen mit einem Umsatz von 103 Mio. DM aus.[274]

3. Schwerpunktanalyse: Fernsehproduktion

Im Mittelpunkt des audiovisuellen Sektors steht in Hamburg die Produktion von Fernsehsendungen, sei es durch die Rundfunkveranstalter selbst, sei es durch selbständige Auftragsproduzenten.

3.1 Hauptakteure

Auf dem Sektor der Fernsehproduktion gibt es in Hamburg zumindest drei herausragende wirtschaftliche Akteure:

- Der Nordeutsche Rundfunk, die zweitgrößte ARD-Anstalt, produziert in großem Umfang Fernsehsendungen als Eigenproduktionen und ist zugleich Auftraggeber für Dienstleistungsunternehmen und Auftragsproduzenten.

- Studio Hamburg, mit etwa 900 fest angestellten Mitarbeitern vor der Bavaria das größte Atelier- und Dienstleistungsunternehmen für die Fernsehproduktion, befindet sich über die NDR-Werbefernsehen und Werbefunk GmbH zu 100 % im Besitz des NDR. Neben einer eigenen Produktionstochtergesellschaft hält Studio Hamburg Beteiligungen an mehreren Fernsehproduktionsunternehmen, darüber hinaus sind auf dem Gelände von Studio Hamburg in Tonndorf (Wandsbek-Ost) zahlreiche andere Produktionsunternehmen und Fernsehveranstalter tätig, darunter neben dem NDR auch Premiere, RTL, RTL 2, SAT 1 und das ZDF.

- Die ufa Film- und Fernseh-GmbH bündelt die Aktivitäten des Bertelsmann-Konzerns im audiovisuellen Bereich, d.h. die Produktionsgesellschaften ufa Berlin und die Trebitsch-Gruppe mit Sitz in Hamburg, die Fernsehbeteiligungen an RTL plus, RTL 2, Vox und Premiere, die Unternehmen im Bereich der Fernsehrechte sowie die Hörfunkbeteiligungen.

274 Statistisches Landesamt Hamburg, unveröffentlichte Daten. Hier schlägt sich offenbar die Verlagerung eines Firmensitzes nieder; in den Vorjahren hat der Umsatz der Hamburger Filmtheater stets unter 30 Mio. DM gelegen.

Neben diesen Hauptakteuren gibt es ein breites Spektrum von kleinen oder allenfalls mittelständischen Produktions- und Dienstleistungsunternehmen. An diesen Produktionsunternehmen sind teilweise Fernsehveranstalter direkt oder indirekt beteiligt. Insbesondere die Kirch-Gruppe, die an SAT 1, Pro 7, DSF, Kabelkanal und Premiere maßgeblich beteiligt ist und darüber hinaus 35 % der Aktien des Axel-Springer-Verlages hält, ist auch im Bereich der Fernsehproduktionsunternehmen stark engagiert.[275] Darüber hinaus gibt es ungezählte sogenannte "Rucksack-Produzenten", die ohne regulären Geschäftsbetrieb sporadisch einzelne Projekte realisieren.
Diese kleinbetriebliche bzw. mittelständische Struktur ist von den öffentlich-rechtlichen Rundfunkanstalten, die bis zur Mitte der 80er Jahre praktisch die alleinigen Auftraggeber der Fernsehproduzenten waren, bewußt gepflegt worden.[276] Teilweise wurden die Produzenten mit einem relativ stabilen Auftragsvolumen bedacht, um ihre Existenz zu sichern. Zudem wurden die Produktionen gegen Überlassung aller Verwertungsrechte vollständig von den Rundfunkanstalten finanziert. Damit waren die Produzenten nicht

mit dem Risiko der Publikumsakzeptanz des Programms belastet; andererseits konnten sie aber auch die von ihnen produzierten Programme nicht zur Kapitalbildung nutzen.[277]

3.2 Veränderungen des Produktionsprozesses

Der Herstellungsprozeß in der Fernsehproduktion hat sich seit der Anfangszeit des Fernsehens mehrfach nachhaltig gewandelt. War das dominierende Herstellungsverfahren zunächst die Live-Sendung oder die elektronische Studioproduktion, so ist spätestens in den 70er Jahren die Außenproduktion auf 16mm-Film in den Vordergrund getreten. Im Bereich der Fernsehspiele und Serien ist sie nach wie vor dominierendes Produktionsverfahren. Im Bereich der Informationssendungen ist sie durch die Elektronische Bericht-

275 Ob es sich bei der Kirch-Gruppe um eine einheitliche Unternehmensgruppe handelt oder um zwei unterschiedliche Unternehmensgruppen, deren Inhaber zwar Vater und Sohn sind, wirtschaftlich und publizistisch aber unabhängig voneinander agieren, ist wegen der damit verbundenen rundfunkrechtlichen Konsequenzen gegenwärtig Gegenstand einer Prüfung durch die Landesmedienanstalten.

276 Vgl. dazu schon Stolte, 1979.

277 Dies kontrastiert deutlich mit der Strategie von Leo Kirch, der sich mit Blick auf das zu erwartende kommerzielle Fernsehen frühzeitig die weiteren Senderechte für viele von ihm an die öffentlich-rechtlichen Anstalten vermittelte Serien gesichert hat.

erstattung mittels mobiler Kleinelektronik abgelöst worden. Im Bereich der Game Shows, der Talk Shows und des Infotainment, die bei den kommerziellen Veranstaltern den größten Teil des Produktionsvolumens ausmachen, steht die elektronische Studioproduktion im Vordergrund. Daraus ergibt sich u.a. ein Wandel in der Bearbeitung, der nach Einschätzung von Experten zu Aufweichung der Grenzen zwischen Produktions- und Redaktionsbereichen führen kann.
Der Herstellungsprozeß in der Fernsehproduktion ist außerdem dadurch gekennzeichnet, daß es sich in vielem nach wie vor um extreme Einzelfertigung handelt; selbst einzelne Folgen aus einer Sendereihe sind in aller Regel dennoch Unikate, deren Herstellung jeweils von anderen programmlichen Konzepten und externen Rahmenbedingungen geprägt sind. Dementsprechend variiert auch der Bedarf an Personal und Technik, und dieses Problem wird noch durch den hohen Spezialisierungsgrad des Produktionspersonals verschärft. In der Folge wird die Produktion einer Fernsehsendung oder auch einer ganzen Serie typischerweise in Form eines Projekts organisiert.

3.3 Vertikale Integration oder Dezentralisierung

Traditionell war die Fernsehproduktion in Deutschland, wie auch sonst in Europa, durch starke vertikale Integration gekennzeichnet. Die Landesrundfunkanstalten hatten sich ausreichende Produktionskapazitäten geschaffen, um ihre Programme selbst herzustellen. Lediglich das ZDF hat von Anfang an auf eine vollständige Ausstattung mit eigenen Produktionskapazitäten verzichtet und in erheblichem Maße Auftragsproduktionen vergeben.
Inzwischen ist in Deutschland wie auch international eine Tendenz zur organisatorischen Trennung zwischen der Programmveranstaltung und der nicht auf Aktualität bezogenen Programmproduktion zu beobachten. Die Rundfunkanstalten reagieren damit auf das Problem, daß sie die programmlich bedingte Variabilität des Bedarfs intern nur begrenzt auffangen können, aber anders als die Auftragsproduzenten schon aus arbeitsrechtlichen Gründen kaum in der Lage sind, ihren Personalbestand kurzfristig an Variationen des Bedarfs anzupassen.
Hinsichtlich der internen Strukturierung der Unternehmen im Bereich der Fernsehproduktion ist vor diesem Hintergrund eine zunehmende organisatorische Dezentralisierung zu beobachten.

Dies gilt gleichermaßen für das Dienstleistungsunternehmen Studio Hamburg wie für die Rundfunkveranstalter und die Produktionsgesellschaften.
Studio Hamburg befindet sich gegenwärtig in einem längerfristig angelegten Prozeß der Reorganisation, in dem die einzelnen Geschäftsbereiche in eigenständige Gesellschaften ausgegründet werden und Studio Hamburg die Funktion einer Holding übernimmt. Bereits ausgegliedert sind die Bereiche Consulting, Produktion, Messebau und Synchronisation; die rechtliche Verselbständigung des Atelierbetriebs soll bis 1995 erfolgen. Mit dieser Umstrukturierung sollen die Entscheidungswege verkürzt und die Ergebnisverantwortung gestärkt werden. In diesem Sinne wird dem Management auch eine Möglichkeit zur Kapitalbeteiligung eingeräumt. So ist der Geschäftsführer der Produktionstochter mit 10 % an dem Unternehmen beteiligt.
Innerhalb der ufa sowie innerhalb der Trebitsch-Gruppe, an der die ufa eine Mehrheitsbeteiligung hält, gilt gleichfalls das Prinzip der Dezentralisierung von Entscheidungen, allerdings im Rahmen teilweise detaillierter strategischer Vorgaben. Auch hier erfolgt die rechtliche Ausgliederung - neben möglichen steuerlichen Aspekten - unter dem Gesichtspunkt der Sicherung der Ergebnisverantwortung.

Für den Fernsehveranstalter RTL, an dem die ufa maßgeblich beteiligt ist, gilt das gleiche Prinzip. Es wurden in jüngster Zeit für einzelne Programmvorhaben zahlreiche Produktionsgesellschaften gegründet, an denen RTL nur eine Minderheitsbeteiligung hält, etwa für die Sendungen von Hans Meiser oder Linda de Mol oder für die Sendungen "Ein Tag wie kein anderer" oder "Notruf". Die Bezahlung der Produzenten erfolgt zu Teil abhängig vom Publikumserfolg der Sendungen.
Beim Norddeutschen Rundfunk ist Ende der 80er Jahre die Produktionsdirektion grundlegend reorganisiert worden. Dabei ist insbesondere die zentrale Produktionsdisposition aufgelöst worden, da sie einer eindeutigen Zuordnung der Verantwortung für die Personalbereitstellung und die Personalführung im Wege stand. Darüber hinaus ist bereits seit Anfang der 80er Jahre die Produktionsstrategie des NDR darauf ausgerichtet, den eigenen Produktionsbetrieb möglichst kontinuierlich auszulasten und die Variation des Bedarfs über den Markt auszugleichen. Dafür werden zwei Instrumente genutzt. Zum einen werden diejenigen Produktionen, die hinreichend langfristig planbar sind, so daß sie nach außen vergeben

werden können, vorzugsweise als Auftragsproduktion vergeben, und zwar teilweise wiederum vorrangig an Studio Hamburg oder andere verbundene Unternehmen. Zum anderen wird ein Teil der für die Eigenproduktionen benötigten Kapazitäten nicht betriebsintern vorgehalten, sondern am Markt angemietet, auch hier teilweise wieder bei Studio Hamburg. Auf diese Weise gibt es bei kurzfristigen Bedarfsschwankungen ebenso wie bei nachhaltigen Veränderungen der Programmplanung oder der Finanzsituation Möglichkeiten, die Stabilität des eigenen Betriebs zu sichern und Leerlauf oder gar Entlassungen zu vermeiden. Soweit die Vollauslastung des eigenen Produktionsbetriebs gesichert und eine gewisse Risikovorsorge getroffen ist, sind aus der Sicht des NDR weitere Auslagerungen nicht attraktiv, da die Leistungen der Auftragsproduzenten nicht nur mit deren Handlungsunkosten und Gewinnen, sondern auch noch durch die Mehrwertsteuer belastet sind, die für Eigenproduktionen des NDR nicht anfällt.

3.4 Entwicklungstendenzen: Konzentration und Verflechtungen

Ungeachtet der Tendenz zur organisatorischen Dezentralisierung von Entscheidungskompetenzen und Verantwortlichkeiten gibt es zwei Gesichtspunkte, die offenbar zur Verstärkung von Konzentration und Verflechtung im Bereich der Fernsehproduktion führen. Zum einen gibt es Vorteile multimedialer Konzerne etwa im Bereich der Stoffrechte, die in unterschiedlichen Medien verwertet werden können. Zwischen selbständig agierenden Unternehmen einer Gruppe werden in solchen Fällen die Außenkontakte auch im Interesse der anderen Unternehmen wahrgenommen.
Zum zweiten zeichnet sich eine Abkehr von der Vollfinanzierung der Auftragsproduktionen durch die Veranstalter ab. Die Veranstalter versuchen, das Risiko der Verwertbarkeit teilweise auf die Produzenten abzuwälzen und die Projekte nicht schon bei der ersten Ausstrahlung voll zu finanzieren, oder sie erfolgsabhängig zu honorieren. Serien, die keinen hinreichenden Erfolg haben, werden kurzfristig abgesetzt, oder es werden zunächst Pilotfilme ausgestrahlt, bevor über die Produktion einer Serie entschieden wird. Daraus resultiert für die Produzenten ein erhebliches Risiko und ein steigender Kapitalbedarf. Beides läßt sich bei Anlehnung an eine große Unternehmensgruppe leichter tragen, und zwar insbesondere dann, wenn zur gleichen Gruppe auch potentielle Auftraggeber gehören.

Es wird deshalb damit gerechnet, daß es zu einem starken Konzentrationsprozeß kommt mit drei oder vier deutschen Unternehmensgruppen, die auch am internationalen Markt agieren können. Demgegenüber werden die mittelständischen Produzenten, die bislang von den öffentlich-rechtlichen Veranstaltern systematisch gepflegt worden waren, unter Druck geraten, sich durch besondere Kreativität und Flexibilität zu behaupten, während die kleinen Produzenten vermutlich zur Spezialisierung oder in Allianzen mit großen Unternehmen gedrängt werden.

3.5 Arbeitsmarkt

Die Entwicklung auf dem Arbeitsmarkt für die Fernsehproduktion ist dadurch gekennzeichnet, daß die meisten künstlerischen, technischen und kaufmännischen Positionen jeweils auf Produktionsdauer mit freien Mitarbeitern besetzt werden. Eine solche auf hohe Fluktuation angelegte Struktur setzt voraus, daß entweder eine ausreichende Nachfrage vorhanden ist, um ein kontinuierliches Angebot an freien Mitarbeitern zu gewährleisten oder die freien Mitarbeiter zugleich in anderen Bereichen tätig werden können, um sich ihren Lebensunterhalt zu sichern.
Im Bereich der Fernsehproduktion ist dies in Hamburg nicht immer gegeben; deshalb wird umgekehrt aus der Perspektive von Produzenten und Branchenbeobachtern konstatiert, daß hier z.B. vergleichsweise wenig gute Schauspieler für Fernsehproduktionen zur Verfügung stehen,[278] daß die Ausbildungsangebote nicht ausreichend sind[279] und, wie in einem der Expertengespräche zu dieser Untersuchung gesagt wurde, das Angebot an freien Produktionsleitern oder Kameraleuten noch knapper ist als in München oder Berlin.
Der Filmszene, die sich um das Filmhaus und die Zeise Hallen in Ottensen entwickelt, wird im Hinblick auf mögliche Effekte für die Fernsehproduktion nur begrenzte Bedeutung zugemessen.

278 Vgl. hierzu und zum folgenden bereits Steinkopp, 1987, S. 55 ff.

279 Kammerer-Jöbges/Beissner, 1991, S. 23 ff.

4. Standortfragen im Bereich audiovisuelle Medien

Als Standort für audiovisuelle Medien steht Hamburg im Wettbewerb vor allem mit München, Berlin und Köln. Die Standortbedingungen in Hamburg werden im allgemeinen als gut beurteilt. Es ist allerdings darauf zu achten, daß der Standortwettbewerb auf Seiten Kölns mit medienpolitischen Zusagen und auf Seiten Bayerns, Berlins und Nordrhein-Westfalens auch mit der Förderung von Fernsehproduktionen geführt wird.

Ein standortpolitisch problematischer Faktor ist die gegenwärtig äußerst angespannte Wohnungssituation, die es teilweise unmöglich macht, das gewünschte Personal für Hamburg zu gewinnen. Das gilt besonders für den NDR, der intern ausbildet und dafür im gesamten Sendegebiet Personal sucht, das anfangs jedoch nur ein relativ geringes Einkommen hat.

Innerhalb Hamburgs konzentrieren sich die Unternehmen der Film- und Fernsehproduktion sowie die zugehörigen Dienstleistungsunternehmen an drei Standorten, wie Abb. 23 erkennen läßt: in Tonndorf auf dem Gelände von Studio Hamburg und darum herum, in der Nähe der NDR-Fernsehstudios in Lokstedt und in Ottensen im Umfeld des Filmhauses und der Zeise Hallen.

Abb. 23: Regionale Verteilung der Produzenten und Dienstleistungsunternehmen des audiovisuellen Bereichs in Hamburg

Quelle: Eigene Zusammenstellung basierend auf Unternehmensanschriften aus Verlagsgruppe Deutscher Fachverlag (Hrsg.), 1992

VI. AUDIOMEDIEN

1. Die Entwicklung des Bereichs Audiomedien in den 80er Jahren

Der Bereich Audiomedien umfaßt Hörfunkveranstalter, Musikverlage, Tonträgerhersteller und Musikstudios. Da der Hörfunk weder in den amtlichen Statistiken[280] noch in den Erhebungen der Handelskammer gesondert erfaßt wird, sind wir bei der Abbildung des Gesamtbereichs Audiomedien auf Schätzungen angewiesen. Nach unseren Schätzungen arbeiten mit 3.820 Menschen (1993) ca. 10 % aller in der Hamburger Medienwirtschaft Beschäftigten in diesem Bereich[281], und es werden dort ca. 2,05 Mrd. DM (1992), d.h. 11 % des Umsatzes der Hamburger Medienunternehmen erwirtschaftet.[282] Daneben verzeichnet der NDR Gebühreneinnahmen für den Hörfunk von 538 Mio. DM (1992).[283]

280 In allen Statistiken wird der Hörfunk zusammen mit den Fernsehanstalten ausgewiesen.

281 Da die Statistik der sozialversicherungspflichtig Beschäftigten nicht tief genug gegliedert ist, greifen wir bei dieser Schätzung auf Daten der Handelskammer zurück, die ohne Berücksichtigung des Hörfunks die Anzahl der Beschäftigten mit 2.320 angibt (vgl. Plath, 1993). Nach unseren Schätzungen müssen dazu noch etwa 1.500 Beschäftigte im Hörfunk addiert werden. (Vergleiche als Anhaltspunkt auch Wilke, 1990, S. 39.)

282 Die Daten der Umsatzsteuerstatistik sind für unsere Schätzung nicht brauchbar, da sie keine Rückschlüsse auf die tatsächliche Höhe des Umsatzes zulassen. Die erheblichen Schwankungen und Veränderungen, wie der Anstieg von 181 Mio. DM auf 993 Mio. DM zwischen 1988 und 1990 (vgl. Statistisches Landesamt Hamburg, 1990 und 1993) sind auf Zuordungsprobleme zurückzuführen. Deshalb haben wir uns wiederum an Daten der Handelskammer orientiert, die für die Musikverlage, Tonträgerhersteller und Tonstudios 1991 einen Umsatz von 1,9 Mrd. DM ausweisen (vgl. Plath, 1993). Nach unseren Schätzungen müssen dazu für 1992 noch etwa 150 Mio. DM (Umsatzwachstum der Musikunternehmen und Werbeumsätze der privaten Hörfunkveranstalter) addiert werden.

283 Norddeutscher Rundfunk (Hrsg.), 1993, S. 148.

Das folgende Schaubild gibt einen Überblick über die Entwicklung der Beschäftigten, Anzahl der Unternehmen und des Umsatzes (real).[284]

Abb. 24: Die Entwicklung wichtiger Indikatoren im Bereich Audio (1984=100)

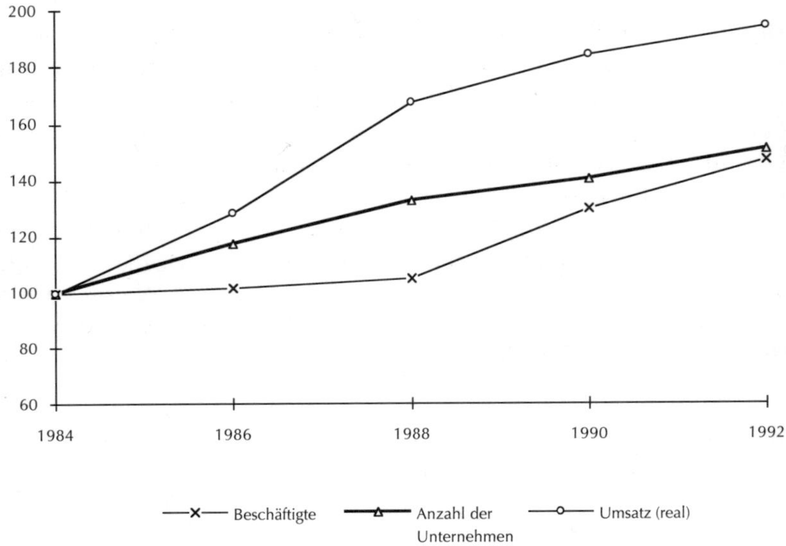

Quellen: Statistisches Landesamt Hamburg, eigene Schätzungen.

Während die Anzahl der Beschäftigten zwischen 1984 und 1988 kaum anstieg und dann hohe Zuwachsraten aufweist, verläuft die positive Entwicklung des realen Umsatzes der Unternehmen gleichmäßiger. Bei der Anzahl der Unternehmen sind dagegen zwischen 1984 und 1988 ein starker Anstieg und in den Folgejahren eine langsamere Zunahme zu beobachten.
Im Teilbereich Musikverlage, Tonträgerhersteller und Musikstudios fiel die Anzahl der Beschäftigten zunächst von 1.700 auf 1.500 (1985 und 1988) und stieg dann bis 1991 auf 2.320 an.[285] Diese positive Tendenz ab 1988 ist auch bei den Hörfunkveranstaltern

284 Zur Deflationierung wurde die Inflationsrate herangezogen.

285 Plath, 1985 und 1993.

erkennbar, wo ab 1987 durch die Zulassung privater Hörfunkveranstalter neue Arbeitsplätze geschaffen wurden[286], ohne daß dies beim NDR zu einem Beschäftigungsabbau geführt hat.[287]
Der Umsatz für den Bereich Audiomedien ohne Berücksichtigung des Hörfunks stieg zwischen 1980 und 1991 kontinuierlich von 850 Mio. DM auf 1,9 Mrd. DM an.[288]

2. Die Entwicklung in einzelnen Sparten

2.1 Hörfunkveranstalter

Bis 1986 war der NDR, der ca. 1.200 Mitarbeiter im Hörfunk beschäftigt, der einzige Anbieter von Hörfunkprogrammen in Hamburg. Bis zum Frühjahr 1994 sendete er vier Hörfunkprogramme, nämlich NDR 1 mit vier Landesprogrammen, NDR 2, NDR 3 und NDR 4. Ein fünftes, speziell auf junge Zuhörer zugeschnittenes Programm, N-Joy, ging im April 1994 auf Sendung. Die vier Hörfunkprogramme des NDR erzielten 1992 in Hamburg einen Marktanteil von insgesamt 47 %. Dabei betrug der Marktanteil für NDR 1 21 %, für NDR 2 22 % und für die für Minderheiten konzipierten Programme NDR 3 und NDR 4 jeweils 2 %.[289] Die Gebühreneinnahmen für den Hörfunk stiegen zwischen 1984 und 1992 von 270 Mio. DM[290] auf 538 Mio. DM[291].
Als erster privater Veranstalter wurde 1986 Radio Hamburg zugelassen. Es folgten Radio 107 (Juli 1987), dessen unter der gleichen Lizenz sendender Nachfolger AlsterRadio seit 1991 eine neue Zielgruppe anspricht, sowie Radio KORAH (1988), das jedoch wegen mangelnder Werbeeinahmen seinen Sendebetrieb wieder einstellen mußte.

286 Vgl. Abschnitt 2.1.

287 Vgl. Norddeutscher Rundfunk (Hrsg.), 1989, 1991 und 1993.

288 Plath, 1985 und 1993.

289 MA '92, zitiert in: Norddeutscher Rundfunk (Hrsg.), 1993, S. 144.

290 Norddeutscher Rundfunk (Hrsg.), 1985.

291 Norddeutscher Rundfunk (Hrsg.), 1993, S. 148. Diese Steigerung ist teilweise auf die zusätzlichen Einnahmen für das Deutschlandradio und die Erweiterung des Zuständigkeitsbereichs/Gebühreneinzugsgebiet um das Land Mecklenburg-Vorpommern zurückzuführen.

Ebenfalls Anfang 1988 ging OK-Radio auf Sendung. 1990 wurden Klassik Radio und 1991 Jazz Welle Plus gegründet. Zur Zeit - Frühjahr 1994 - gibt es damit fünf private Hörfunkveranstalter, nämlich Radio Hamburg, OK-Radio, AlsterRadio, Klassik Radio und die Jazz Welle Plus. Daneben betreibt die Hamburgische Anstalt für neue Medien (HAM) seit 1988 zusätzlich noch den "Offenen Kanal".[292]
Außerdem unterhalten Anbieter aus den benachbarten Bundesländern Schleswig-Holstein und Niedersachsen, nämlich Radio Schleswig-Holstein (RSH) und Radio FFN, Außenstudios mit allerdings geringer Mitarbeiterzahl in Hamburg.
Radio Hamburg ist mit einem Umsatz von 34 Mio. DM[293] und 100 Mitarbeitern der größte private Hamburger Hörfunkanbieter, gefolgt von OK-Radio mit einem Umsatz von 14,3 Mio. DM und 110 Mitarbeitern.[294] AlsterRadio beschäftigt zur Zeit 40 Mitarbeiter. Die Jazz Welle Plus ist mit vier festen und 20 freien Mitarbeitern ein relativ kleines Unternehmen.
Die Beschäftigtenentwicklung bei den beiden großen privaten Hörfunkveranstaltern verlief in den letzten Jahren positiv. So ist die Anzahl der Mitarbeiter im Zeitraum von 1989 bis Mitte 1993 bei Radio Hamburg von 76 (davon 56 feste und 20 feste Freie) auf 100, bei OK-Radio von 52 (32 feste und 20 feste Freie) auf 110 angestiegen.[295]
Die wirtschaftliche Situation aller Privatsender bis auf die Jazz Welle Plus wird von dem Direktor der Hamburger Anstalt für Neue Medien, Helmut Haeckel, als gut eingeschätzt. Er führt dies auf die starke Ausdifferenzierung des Programms zurück.[296] Während OK-Radio sich an Jugendliche wendet, hat AlsterRadio die über 35-jährigen Hörer zur Zielgruppe.

292 Außerdem soll 1994 noch eine Frequenz für ein nichtkommerzielles Lokalradio ausgeschrieben werden.

293 Mit diesem 1993 um 14,8 % gestiegenen Umsatz befindet sich Radio Hamburg auf Platz 9 unter den umsatzstärksten Privatsendern Deutschlands. Dabei muß allerdings auch berücksichtigt werden, daß Radio Hamburg mit der starken Sendeleistung von 80 Kilowatt weit über die Grenzen des Stadtstaates zu hören ist und über die Hälfte seiner Hörer aus dem Umland kommt (Horizont vom 8.4.1994).

294 Welt am Sonntag vom 1. August 1993.

295 Wilke, 1990, S. 26 und Welt am Sonntag vom 1. August 1993.

296 Vgl. Stader Tageblatt vom 8. Oktober 1993.

Radio Hamburg wendet sich mit dem Format "Adult Contemporary" an 14- bis 45-jährige, und die beiden Spartenprogramme Klassik Radio und Jazz Welle Plus an die jeweiligen Musikliebhaber.[297]
1992 konnten Radio Hamburg mit 23 % (1991: 14 %) und Alster Radio mit 11 % (1991: 4 %) ihre Marktanteile deutlich verbessern. Der Anteil von OK-Radio lag bei 11 % (1991: 12 %), der von Klassik Radio bei 3 % (1991: 4 %) und der Anteil der Jazz Welle Plus bei 1 %.[298] Die Marktanteile von RSH und Radio ffn in Hamburg liegen bei 4 % bzw. 2 %.[299]
Sieht man sich die Gesellschafterstruktur an, so kann man Verflechtungen mit anderen Medien feststellen. Bei Radio Hamburg und Klassik Radio sind die Großverlage wichtige Kapitalgeber: Die Gesellschafter von Radio Hamburg setzen sich aus den Hamburger Großverlagen Axel Springer, Bauer und Gruner + Jahr (über ufa und den Morgenpostverlag) zusammen.[300]
Gruner + Jahr ist - wiederum über ufa - auch an Klassik Radio beteiligt (55 %), der Spiegel-Verlag hält 15 % der Anteile. Ansonsten kommen die Gesellschafter von Klassik Radio aus dem Musikgeschäft: die Polygram GmbH und die BMG Ariola Hamburg sind mit je 15 % beteiligt.[301]
Bei OK-Radio, AlsterRadio und Jazz Welle Plus sind die großen Medienkonzerne jedoch nicht engagiert. Verflechtungen mit anderen Medien ergeben sich aber dadurch, daß Frank Otto, Geschäftsführer und Inhaber von OK-Radio[302], gleichzeitig fast 20 % Anteile

297 Vgl. z.B. DLM (Hrsg.), 1993, S. 353f.

298 Studie der Infratest Kommunikationsforschung "Hörtrends im Ballungsraum Hamburg", zitiert in: Stader Tageblatt vom 8. Oktober 1993.

299 MA '93, zitiert in: Norddeutscher Rundfunk (Hrsg.), 1993, S. 144.

300 Zimpel 3 (Funk und Fernsehen).

301 Zimpel 3 (Funk und Fernsehen).

302 In nächster Zeit muß Frank Otto sich allerdings von 50 % seiner Anteile trennen. Gemäß den Übergangsvorschriften des neuen Hamburgischen Mediengesetzes wird OK-Radio, das 1987 nach dem Zwei-Säulen-Modell aus gemeinnütziger Anbietergemeinschaft und kommerzieller Betreibergesellschaft lizenziert wurde, sich dann aber in einen Hitsender umformatierte, bei der HAM einen Antrag auf Gleichstellung mit Anbietern für landesweite Programme stellen, um das Werbeverbot für sogenannte kulturorientierte örtliche Programme zu umgehen. Dies hat zur Folge, daß die im Rundfunkstaatsvertrag vorgesehenen Zulassungsbeschränkungen zum Tragen kommen, nach denen an Voll- und Informationsprogrammen Beteiligungen nur unter 50 % der Stimmrechts- und Kapitalanteile gehalten werden dürfen (vgl. text intern vom 22. April 1994).

an dem neuen Musikfernsehsender Viva hält[303], größter Anteilseigner der tv Hamburg-Hamburg 1 GmbH ist, die in Hamburg ein 18stündiges lokales Vollprogramm veranstalten wird[304], und sich bei der Medienanstalt Berlin-Brandenburg für das Lokal-TV Kanal B beworben hat. Außerdem ist er mit 35 % am neuen delta radio in Schleswig-Holstein sowie mit knapp über 50 % am Kiss FM in Berlin beteiligt.[305]
An AlsterRadio sind Niklas Broschek, Otto Mertens (Rüssel Audio + Video) sowie Thomas Wegner (Schaulandt) beteiligt. Gesellschafter von Jazz Welle Plus ist neben natürlichen Personen die Radio K 3 Rundfunkbetriebs GmbH.[306]

2.2 Musikverlage

Die ursprüngliche Aufgabe der Musikverlage, nämlich Notendruck und -verbreitung, spielt heute nicht mehr die tragende Rolle. Einen größeren Stellenwert hat dagegen die Mittlerrolle zwischen Künstlern und Tonträgerherstellern bekommen. Der Musikverlag schließt einen Vertrag mit den Künstlern ab und bietet ihnen eine bestimmte Garantiesumme für einen festgesetzten Zeitraum und einen bestimmten geographischen Raum.[307] Der Musikverlag versucht dann, diese Veröffentlichungsrechte an ein Tonträgerunternehmen zu verkaufen[308], das über geeignete Vertriebs- und Promotionskanäle verfügt.
Bei der Zuordnung der Musikunternehmen in die Kategorien Musikverlage und Tonträgerhersteller tauchen Probleme auf: Einige Unternehmen nehmen sowohl Aufgaben eines Musikverlages als

303 Vgl. Abschnitt 3.2.3.

304 Frankfurter Rundschau vom 20. Oktober 1993. Neben Frank Otto halten auch die Deutsche Fernsehnachrichtenagentur (DFA), die Axel Springer Verlag AG und die Time Warner Entertainment Germany GmbH jeweils 24 % der Anteile. Je 2 % der Anteile besitzen der ehemalige SAT.1-Geschäftsführer Werner Klatten und der Hamburger Geschäftsmann Ingo Borsum (Die Welt vom 19. März 1994).

305 Die Welt vom 19. April 1994.

306 Zimpel 3 (Funk und Fernsehen).

307 Diese Summe ist ein Minimum und kann durch die Anteile aus dem Verkauf (jeweils ca. 2 % der Verkaufserlöse für Interpreten und Autoren) überschritten werden.

308 Neben den Erlösen aus dem Verkauf der Rechte erhalten die Musikverlage auch noch die Hälfte der Gema-Gebühren, d.h. ca. 4 % der Verkaufserlöse der Tonträger.

auch eines Tonträgerherstellers wahr; insbesondere in den vergangenen Jahren hat sich eine Überschneidung bzw. Verwischung der Aufgabenfelder ergeben. Dies ist bei den großen Musikkonzernen der Fall, aber auch bei kleinen Unternehmen. Damit ist auch die Einordnung in die entsprechende Kategorie der Umsatzsteuerstatistik nicht problemlos.
In den vergangenen Jahren haben Musikverlage verstärkt die Funktion von Produzenten übernommen. "Der Musikverlag des U-Bereiches ist in den letzten Jahren mehr und mehr in die Rolle des Ideenträgers, des Entwicklers von Konzeptionen und des Anregers von Produktionen populärer Musik geworden. Insoweit erfolgte eine Verlagerung eines bedeutenden Aufgabengebiets von der Industrie hin zum Musikverlag".[309] Die großen Tonträgerhersteller haben ihre großen, teilweise ineffektiven Produktionseinheiten gestrafft. Stattdessen führen bei vielen Musikverlagen kleine Produktionsabteilungen Produktionen auf eigene Rechnung und eigenes Risiko durch und bieten dem Tonträgerunternehmen die fertig produzierte Aufnahme an.[310]
Für die Hamburger Musikverlage ergibt sich folgendes Bild: Auch sie profitierten von den Wachstumsschüben der Musikbranche, verursacht durch die Entwicklung der Compact Disc (CD) Anfang der 80er Jahre und ab 1990 durch den aufgrund der Vereinigung Deutschlands vergrößerten Markt. Es ist allerdings schwierig, diese Entwicklung mit konkreten Zahlen zu belegen. Die Umsatzsteuerstatistik weist zunächst einen Rückgang in den Umsatzerlösen von 298 Mio. DM (1984) auf 82 Mio. DM (1988) auf, dem 1990 ein enormer Anstieg auf 918 Mio. DM folgte, bevor die Umsatzerlöse 1992 auf 835 Mio. DM fielen.[311] Diese Zahlen sind jedoch aufgrund der genannten Zuordnungsprobleme mit mehr als Vorsicht zu betrachten.
Die Handelskammer Hamburg geht von einem Umsatzwachstum von 60 Mio. DM (1980) auf 113 Mio. DM (1985) aus.[312] Dabei gibt sie die Anzahl der Unternehmen für 1985 mit 90 und die der

309 Sikorski, 1992, S. 173.

310 Der Verlag erhält in diesem Fall nicht nur Anteile über die Gema, sondern als Produzent noch eine producer fee, die zwischen 2 % und 4 % des Verkaufspreises liegt.

311 Statistisches Landesamt Hamburg, 1986, 1990 und 1993; Statistisches Landesamt Hamburg, unveröffentlichte Daten.

312 Handelskammer Hamburg (1993), 1988, S. 10. In den jüngeren Veröffentlichungen werden keine Angaben über Musikverlage gemacht.

Beschäftigten mit 260 an.[313] In einer anderen Veröffentlichung ist von über 100 Musikverlagen die Rede.[314]
Aus den oben angeführten Zahlen geht schon hervor, daß die einzelnen Musikverlage generell wenig Mitarbeiter beschäftigen. Einer der größten Hamburger Musikverlage, der Peer Musikverlag (die Europazentrale des US-amerikanischen Familienunternehmens), hat ca. 35 Beschäftigte.[315] Weitere große Musikverlage in Hamburg sind der Musikverlag Hans Sikorski, der seit 1949 seinen Sitz in Hamburg hat, und Musikverlage Chapell Intersong, eine Tochtergesellschaft des Warner-Konzerns.

2.3 Tonträgerhersteller

Tonträgerhersteller beschäftigen sich mit der Produktion, der Vervielfältigung, dem Vertrieb und der Promotion aller Arten von Tonträgern. Obwohl die rechtliche Definition von Tonträgerherstellern - Tonträgerhersteller ist dasjenige Unternehmen, das das Masterband[316] herstellt bzw. herstellen läßt - den Gesichtspunkt der Produktion herausstellt, liegt heute der eigentliche Schwerpunkt ihrer Tätigkeit in der professionellen Vermarktung von Produktionen und Künstlern. Das Auffinden von Künstlern wird dagegen immer mehr von den Musikverlagen wahrgenommen.
Hamburg ist Sitz der Landesgesellschaften von drei der fünf größten Tonträgerhersteller Deutschlands[317], nämlich Polygram, Warner und BMG Ariola (Bertelsmann Music Group).[318] Außerdem hat der vierte Major, Sony, dessen Landesgesellschaft sich in Frankfurt a.M. befindet, Ende der 80er Jahre seine Weltzentrale für den klassischen Musikbereich nach Hamburg verlegt. Der Sitz der Landesgesellschaft von EMI befindet sich in Köln. Hamburg beherbergt auch die deutsche Tochtergesellschaft von MCA, die 1992

313 Handelskammer Hamburg (Hrsg.), 1988, S. 10.

314 Handelskammer Hamburg (Hrsg.), o.J. , S. 31.

315 Gespräch mit Wilfried Achterfeld am 11. Februar 1993.

316 Das Masterband dient, im Gegensatz zum Demoband, als Vorlage für die Pressung.

317 Sie sind Tochterunternehmen der weltweit operierenden Majors und haben teilweise auch Musikstudios und Musikverlage unter ihrem Dach.

318 BMG hat zwei Sitze: München und Hamburg.

über 80 Mio. DM Umsatz erzielte[319], sowie das wachstumsstärkste Unternehmen im deutschen Tonträgermarkt, die edel company, die ihren Umsatz von 600.000 DM (1986) auf 70 Mio. DM (1992) steigern konnte.[320] Außerdem sitzen in der Hansestadt 15 bis 20 kleine Tonträgerunternehmen.[321] Allein von den 54 Mitgliedsunternehmen des Verbands unabhängiger Tonträgerhersteller haben 14 ihren Sitz in Hamburg. Daneben gibt es unzählige Firmengründungen, die nur zum Ziel haben, die Platten einer bestimmten Band zu veröffentlichen und sich dann aufzulösen.
Die Handelskammer gibt an, daß knapp 50 % des Tonträgerumsatzes Deutschlands durch Hamburger Unternehmen erwirtschaftet werden.
Die Tonträgerunternehmen sind damit ein Bereich, in dem Hamburg eine herausragende Bedeutung hat. Dieser Bereich wird deshalb im folgenden noch näher untersucht (siehe Abschnitt 3).
Leider gibt es kaum aussagekräftige Zahlen über die Entwicklung der Tonträgerindustrie in Hamburg. Die Handelskammer hat in ihren Erhebungen die Tonträgerunternehmen bezüglich Anzahl, Umsatz und Beschäftigte nicht gesondert erfaßt und listet nur die oben genannten Großunternehmen auf. Die Umsatzsteuerstatistik, nach der die Anzahl der Tonträgerhersteller in Hamburg von 38 (1984) auf 71 (1992) anstieg, während ihr Umsatz von 195 Mio. DM (1986) auf 60 Mio. DM (1992) zurückging[322], hat keinerlei Aussagekraft, bedenkt man, daß allein eines der in Hamburg sitzenden Großunternehmen schon mehr Umsatzerlöse erzielt.[323] Die in der Umsatzsteuerstatistik ausgewiesenen niedrigen Umsatzzahlen können darauf zurückgeführt werden, daß in einigen Fällen eine Zuordnung zu der Kategorie Musikverlage[324] und/oder die Zuordnung des Umsatzes in einer anderen Region erfolgte. Da bei Organtöchtern die steuerrechtliche Erfassung des Umsatzes des gesamten Organkreises am Sitz der Muttergesellschaft erfolgt, wird z.B. der Umsatz der Bertelsmann-Tochter BMG-Ariola Hamburg

319 Süddeutsche Zeitung vom 23. August 1993.

320 Allein von 1991 auf 1992 fand eine Umsatzsteigerung von 79,49 % statt.

321 Angabe vom Verband kleiner Tonträgerunternehmen.

322 Vgl. Statistisches Landesamt Hamburg, 1986 und 1988; statistisches Landesamt Hamburg, unveröffentlichte Daten.

323 Interview mit Eckehard Gundel vom 11. Juni 1993.

324 Die Majors selbst betrachten sich aber eindeutig als Tonträgerhersteller.

nicht in Hamburg, sondern in Gütersloh, dem Sitz des Bertelsmann-Konzerns, erfaßt, wo auch die Umsatzsteuer gezahlt wird.[325]

2.4 Musikstudios

In den Musikstudios werden unter Mitarbeit von Tontechnikern, Produzenten und Interpreten Demo- und Masterbänder produziert.

Die meisten großen Tonträgerunternehmen haben sich in den letzten Jahren von ihren Studios getrennt, so daß es nun hauptsächlich von Musikverlagen betriebene Studios und unabhängige Studios gibt. Unabhängige Musikstudios sind i.d.R. keine großen Unternehmen; die meisten gehören einem Tonmeister oder Künstler und beschäftigen zusätzlich noch einen Assistenten und eine Sekretärin.

Auch wenn Hamburg noch nie eine "Studio-Stadt" war, da es kaum deutsche oder Hamburger Spitzenmusiker gab, hat sich die Lage für die Musikstudios in Hamburg in den letzten fünf Jahren noch

weiter verschlechtert. Die von der Handelskammer Hamburg für 1987 mit über 30 angegebene Anzahl von Studios[326] dürfte sich nach Einschätzung von Experten deutlich reduziert haben. Viele Studios mußten schließen, da einerseits Aufnahmen von befriedigender Qualität mit Hilfe der Computertechnik zu Hause hergestellt werden können, andererseits Aufnahmen von sehr guter Qualität sehr hohe Investitionen erfordern, um auf dem neuesten Stand der Technik zu bleiben.[327]

Andere Hamburger Musikstudios werden alternativ genutzt. So handelt der Inhaber des Studios Chateau du Pape mit technischen Studiogeräten und benutzt sein Studio nur als Ausstellungsraum, und Loft Studios hat seinen Unternehmensschwerpunkt von reinen Musikaufnahmen zur Postproduction von Kino- und Werbefilmen gewandelt.

In Hamburg existieren u.a. die Chameleon Studios, mit denen z.B. Roland Kaiser und Howard Carpendale arbeiten, das Fox Studio und Studio 33, das ehemalige Studio des Tonträgerunternehmens Teldec.

325 Auskunft von Herrn Mader, kaufmännischer Direktor bei BMG Ariola Hamburg, vom 15. Juli 1993.

326 Handelskammer Hamburg (Hrsg.), Hamburg 1988, S. 9.

327 Achterfeld nennt jährliche Investitionen zwischen 100.000,- und 300.000,- DM.

2.5 Vertriebsunternehmen

Die Aufgabe der Vertriebsunternehmen besteht darin, die Präsenz der Tonträger beim Einzelhandel sicherzustellen. Große Tonträgerunternehmen nehmen diese Funktion meist selbst wahr. Die Landesgesellschaften der Majors vertreiben Tonträger entweder über die Vertriebsabteilungen ihrer Repertoire-Gesellschaften, wie es bei BMG der Fall ist, oder über eigene Vertriebsgesellschaften. Bei Polygram sind dies der Polygram Musikvertrieb, der für die Steuerung des Vertriebs zuständig ist und die in Hannover sitzende Polygram Record Service, die ein Zentrallager unterhält und für den Versand zuständig ist.
Kleine Tonträgerunternehmen ohne eigenen Vertriebsapparat nehmen Vertriebsunternehmen in Anspruch. In Hamburg sitzen die drei Vertriebe Energie für alle (EFA), INDIGO und Ethnic World-Music (EWM). Diese vertreiben pro Jahr ca. 1.300 Titel. Sie beschäftigen zusammen 90 Mitarbeiter und ihr 1993 erzielter Umsatz wird auf ca. 42 Mio. DM geschätzt.[328]

3. Schwerpunktanalyse: Tonträgerhersteller

Mit der folgenden Analyse wird zum einen der bedeutendste Bereich der Hamburger Audiomedien untersucht, zum anderen lassen sich anhand der Tonträgerhersteller die für Hamburg wichtigsten Entwicklungen der Musikwirtschaft[329] im Zusammenhang darstellen.
Zunächst werden kurz die wichtigsten Entwicklungen des deutschen Tonträgermarktes in den 80er Jahren skizziert. Anschließend werden Strategielinien der Tonträgerhersteller herausgestellt.

3.1 Die Entwicklung des Tonträgermarktes

Die 80er Jahre waren weltweit durch wichtige Veränderungen sowohl auf dem Gebiet der Hardware als auch auf dem Gebiet der Software gekennzeichnet.

328 taz Hamburg vom 9. Oktober 1993.

329 Im Gegensatz zu Brodbeck/Hummel, 1991, S. 2, die "mit allen Bereichen, die 'musikrelevant' sind", eine sehr weite Abgrenzung von Musikwirtschaft vornehmen, fassen wir Tonträgerhersteller, Musikverlage, Musikstudios und Vertriebe unter diesem Begriff zusammen.

Nach einer Stagnation des Tonträgermarktes zu Beginn der 80er Jahre - weltweit sank der Handelsumsatz zwischen 1981 und 1983 von 12,3 auf 12,0 Mrd. US-$[330], und in Deutschland, dem drittgrößten Umsatzmarkt der Welt, fiel der Gesamtumsatz zwischen 1978 und 1984 von 2,17 Mrd. DM auf 2,01 Mrd. DM[331] - löste die Markteinführung der CD 1983 ab Mitte der 80er Jahre starke Wachstumsimpulse aus. Schon 1989 hatte sie selbst in Deutschland, wo die Verkaufszahlen für die LP wesentlich langsamer abnahmen als in den USA, die LP als wichtigsten Umsatzträger abgelöst. 1992 erzielte sie hier einen Marktanteil von 74 %, den sie 1993 auf 79 % steigern konnte.[332]

Der weltweite Handelsumsatz von Tonträgern verdoppelte sich zwischen 1984 und 1990 fast; er stieg von 12,2 Mrd. US-$ auf 24,1 Mrd. US-$.[333] In Deutschland fiel die Umsatzsteigerung durch das Hinzukommen der neuen Bundesländer im Zuge der Vereinigung noch bedeutender aus. Mit 3,68 Mrd. DM Gesamtumsatz[334] wurde hier allein 1990 gegenüber dem Vorjahr eine Steigerung von 18,7 % erzielt.[335]

Anfang der 90er Jahre gingen die Wachstumsraten weltweit allerdings wieder zurück. In Deutschland konnte 1993 mit 4,52 Mrd. DM Umsatz gegenüber dem Vorjahr noch ein bedeutendes Wachstum von 8,7 % realisiert werden.[336] Davon kam allerdings nur noch ein kleiner Teil aus den alten Bundesländern. Das Wachstum gegenüber 1992 betrug dort 3 %, während es in den neuen Bundesländern rund 28 % erreichte.[337]

Auf dem Gebiet Software war in den 80er Jahren folgende Entwicklung zu beobachten:

Nachdem bis in die frühen 80er Jahre der Markt durch dominierende musikalische Trends geprägt war - in den 50er Jahren durch den Rock'n Roll aus den USA, in den 60er Jahren durch den Beat aus

330 Lüftner, 1992, S. 18.

331 Mahlmann, 1992, S. 81.

332 Phono Press vom April 1994, S. 4.

333 Lüftner, 1992, S. 18.

334 Der Gesamtumsatz setzt sich aus Handelsumsatz und Clubumsatz zusammen.

335 Mahlmann, 1992, S. 81.

336 Phono Press vom April 1994, S. 3.

337 Phono Press vom April 1994, S. 3.

Großbritannien und in den 70er Jahren bis Anfang der 80er Jahre durch die Disco Musik aus den USA - hat seitdem die Individualisierung des Musikgeschmacks zu einer Dezentralisierung von Trends geführt. Heute koexistieren eine Vielzahl alter und neuer musikalischer Stile, wie Rap, Hip Hop, Dancefloor, Techno, Funk, Heavy Metal, Softrock, Country, Traditional Rock ... nebeneinander. Die fünf Majors, die sowohl den Welt- als auch den deutschen Markt unter sich aufteilen, reagierten auf diese anhaltende Differenzierung des Musikgeschmacks, wie im folgenden erläutert wird, mit verschiedenen Maßnahmen, um ihre Umsatzanteile zu halten. Ihr Weltmarktanteil betrug 1991 83 %.[338] In Deutschland hatten 1990 Polygram 21,6 %, BMG 21,1 %, Warner 17,4 %, EMI 12,5 % und CBS (Sony) 9,2 % Marktanteil (insgesamt 81,9 %).[339]

3.2 Unternehmensstrategien der Tonträgerhersteller

3.2.1 Produkte

Neben der Einteilung in LPs, Singles, CDs etc. kann man die Produkte der Tonträgerindustrie nach dem Preissegment, in dem sich die Tonträger befinden, und nach der Musikrichtung unterscheiden.

Jeder Tonträger wird abhängig von der Phase seines Lebenszyklus in verschiedenen Preissegmenten vermarktet. An oberster Stelle steht dabei das neue, aktuelle funk- und/oder fernsehbeworbene Produkt, es folgen das normale Hochpreisprodukt, das Mittelpreisprodukt und das Budgetprodukt.[340]

Die Majors haben dabei die Strategie, sowohl alle Preissegmente als auch alle Musikrichtungen abzudecken.

Hinter dem 1989 erfolgten Erwerb von Miller durch BMG stand die Absicht, das Niedrigpreissegment abzudecken.[341] Selbst die edel company, die als junges Unternehmen selbst noch nicht über eigene Tonträger im Budget-Bereich verfügt, versucht in dieses Segment vorzudringen. Sie gründete im August 1993 den neuen

338 Schmidt, 1992, S. 104.

339 Hummel, 1992, S. 45.

340 Wiederveröffentlichungen, die sich nicht mehr auf dem höchsten Preisniveau vermarkten lassen, finden im Mittelpreis- oder Budgetsegment statt. Ein Beispiel hierfür ist die von Sony herausgegebene Serie "Essential Classics" mit berühmten Interpreten der 60er und 70er Jahre.

341 Interview mit Eckehard Gundel am 11. Juni 1993.

Geschäftszweig "Prima Musik", um auch im Niedrigpreissegment Marktanteile zu erringen.[342]
Die Majors versuchen auch, alle wichtigen, insbesondere die neuen, Musiktrends abzudecken, um keine Marktanteile zu verlieren und ihre Stellung auf dem Tonträgermarkt zu behaupten. Dazu gingen sie in den letzten Jahren oftmals Kooperationen mit mittleren und kleinen Tonträgerunternehmen, vor allem im Bereich des Vertriebs, ein (vgl. Abschnitt 3.2.4) oder beteiligten sich - teilweise bis zu 100 % - an ihnen (vgl. Abschnitt 3.2.2.), da es für sie selbst durch die immer größer werdende Differenzierung des Musikgeschmacks und die Aufsplitterung der Nachfrage auf verschiedene Musikrichtungen immer schwieriger und aufwendiger geworden ist, mit allen neuen Entwicklungen Schritt zu halten bzw. selbst neue zu initiieren.
Die edel company verfolgt dagegen eine andere Strategie. Das Unternehmen, das 1986 seine Tätigkeit als Versand für Tonträger mit Filmmusik begann, hat sich auf Produkte spezialisiert, für die in der einen oder anderen Form schon ein Vorverkauf stattgefunden hat. Es werden hauptsächlich Soundtracks erfolgreicher Filme oder Fernsehserien und "Best of"-Alben von bereits bekannten Künstlern veröffentlicht. Hierbei wird der Bekanntheitsgrad des Films/der Fernsehserie oder des Interpreten und seiner Stücke selbst systematisch genutzt. Damit entfallen die Kosten, die normalerweise bei der Werbung für ein völlig neues Produkt entstehen. Gleichzeitig ist eine breite Akzeptanz und "solide Verkäuflichkeit" gesichert.
Bei den Produkten der kleinen Tonträgerunternehmen steht dagegen nicht die bestmögliche Verkäuflichkeit im Vordergrund. Häufig herrscht hier das Interesse vor, bestimmten Musikgattungen oder Bands die Chance einer Veröffentlichung zu ermöglichen. Dabei leisten sie neben einem kulturellen Beitrag auch einen potentiell ökonomisch verwertbaren bei der Entdeckung neuer Trends und Künstler.

342 Musikwoche vom 30. August 1993.

3.2.2 Zukauf von Marktanteilen (insbesondere spezieller Segmente) und Internationalisierung

Alle Majors operieren heute mit einem weltweiten Netz an Tochtergesellschaften. Diese Internationalisierung ist insbesondere in den 80er Jahren durch Aufkauf und Verschmelzung von Unternehmen mit internationaler Bedeutung vorangeschritten. Die Preise, die dabei für kleine oder größere Repertoire-Gesellschaften bezahlt werden, erreichen im Vergleich zu früheren Jahren immense Größenordnungen.

Der Wettbewerb war in den letzten Jahren in starkem Maße von zahlreichen Übernahmen größerer Repertoire-Gesellschaften geprägt. Anfang der 80er Jahre übernahm Bertelsmann Arista, 1986/87 RCA und 1989 Miller. 1988 kaufte Warner Teldec; Polygram erwarb in den folgenden Jahren das Label Island (1989), A&M (1990) und Decca (1991). EMI erwarb SBK (1989), Chrysalis (1990) und Virgin (1992), und MCA kaufte 1990 Geffen.

Neben dem Ankauf etablierter Repertoire-Gesellschaften und ihrer Labels[343] haben sich die Majors auch bei einer zunehmenden Anzahl neu gegründeter kleiner Labels und kreativ ausgerichteter Produktzellen, die sich auf das Auffinden, Konzeptionieren und Produzieren von Künstlern und Autoren konzentrieren, durch Teil- oder Vollfinanzierung beteiligt.

Offensichtlich steht hinter all diesen Akquisitionen die klare Strategie, zunehmend Programm, Repertoire und Künstlerressourcen zu erwerben. Die großen Musikkonzerne versuchen damit die anhaltende Differenzierung des Musikgeschmacks, die damit einhergehende Produktvielfalt sowie verkürzte Produkt-Lebenszyklen einzelner Musikrichtungen und Interpreten in den Griff zu bekommen.[344] Gleichzeitig soll durch die Internationalisierung für die internationalen und lokalen Produkte eine größtmögliche Verbreitung erreicht werden. Und nicht zuletzt soll angesichts gestiegener Kosten für Künstlerlizenzen und Studioaufnahmen auch die lang-

343 Ein Label ist ein Warenzeichen, unter dem mehrere Aufnahmen oft gleicher Musikrichtungen erscheinen. Die Begriffe Repertoire-Gesellschaft und Label werden oft synonym verwendet, vor allem wenn eine Repertoire-Gesellschaft ihre Tonträger nur unter einem Label veröffentlicht.

344 Damit kann z.B. der Erwerb von Logic durch BMG erklärt werden. BMG besaß kaum Marktkenntnisse bezüglich des speziellen Musiksegments "Dance Music", während die Finanzen von Logic nicht ausreichten, um seinen Künstlern weltweite Verbreitung zu gewährleisten.

fristige Wettbewerbsfähigkeit durch Wachstum, das national kaum mehr möglich ist, gesichert werden.
Die fünf Majors haben in Deutschland trotz Firmenaufkäufen heute allerdings einen kleineren Anteil, als sie es noch vor zehn Jahren hatten. Der Marktanteil der kleineren und mittleren Unternehmen ist tendenziell gewachsen. Das Wachstum fand überwiegend im Bereich der unabhängigen Produktionen statt, da kleinere Unternehmen neuen Musiktrends flexibler, kreativer und innovativer begegnen konnten als die schwerfälligen Musikkonzerne.
Nach dem im März 1992 erfolgten Verkauf von Virgin, dem letzten unabhängigen und zugleich weltgrößten Musiklabel, ist der Konzentrationsprozeß in der Industrie im wesentlichen als abgeschlossen zu betrachten. Die Konzentration wird voraussichtlich in den nächsten Jahren nicht mehr erheblich zunehmen. Zum einen sind fast alle mittleren und kleineren Labels bereits verkauft worden, und zum anderen wird in den nächsten Jahren eher von einem verhaltenen Wachstum der Tonträgerindustrie ausgegangen.

144 3.2.3 Diversifizierung der Hardware-Konzerne in den Software-Bereich (Musik) und in die Bereiche Film u. Musikfernsehen

a) Diversifizierung vom Hardware- in den Software-Bereich

Eines der ältesten Beispiele für die Verbindung von Hardware- und Software-Unternehmen ist das des niederländischen Hardware-Konzerns Philips mit dem Musikkonzern Polygram; Philips ist 80%iger Eigentümer von Polygram.
Ende der 80er und Anfang der 90er Jahre begannen auch japanische Hardware-Konzerne, sich im Markt der Musiksoftware zu positionieren. 1987/88 kaufte Sony den gesamten Software-Bereich von CBS, 1990 erwarb Matsushita den Entertainment-Konzern MCA, und kurz darauf beteiligte sich Fujisankei mit 25,1 % an Virgin.
Mit dem Erwerb des Softwarebereiches sollen die Marktdurchsetzungschancen für eigene Entwicklungen der Unterhaltungselektronik verbessert werden. Die dahinterstehende Strategie beruht auf der Tatsache, daß sich neue technische Entwicklungen der Unterhaltungselektronik um so leichter durchsetzen lassen, je breiter das Programmangebot für die jeweilige neue Technologie ist.[345] Umgekehrt ist es die Strategie der Hardware-Konzerne Philips und Sony,

345 Bei der Einführung des Homevideo-Systems konnte Sony als reiner Elektronikkonzern ohne Repertoire sein System nicht am Markt durchsetzen.

mittels der Entwicklung neuer Tonträger, der Digitalen Compactcassette (DCC) und der Minidisc, zusätzliche Nachfrage für ihre Software zu schaffen.[346]

b) Diversifizierung in den Filmbereich

Einige Unternehmen verfolgen die Strategie, sich als globale Entertainment-Konzerne zu etablieren. Bertelsmann hat die Bereiche Bücher, Zeitschriften, Zeitungen, Musik sowie Filmproduktion und Fernsehen unter einem Dach. Sony erwarb Ende der 80er Jahre den Filmbereich von Columbia Pictures, so daß es nun den Zugriff auf zwei Repertoire-Quellen, den Musikbereich Sony Music International (Rock, Pop, Klassik, lokale Produkte) und den Filmbereich Sony Filmed Entertainment, hat. Sony Classical, der auf Klassik spezialisierte Bereich von Sony Music International, hat auch begonnen, Musikvideos zu produzieren. Dies ist bisher allerdings nur ein Investitionsbereich, der vom Umsatz her gesehen nur eine geringe Rolle spielt, aber in Zukunft weiter ausgebaut werden soll.
Auch Polygram expandiert in den audiovisuellen Bereich. In ersten Ansätzen erfolgte dieses Engagement 1987, seit 1990 ist es gezielte Unternehmenspolitik. Polygram hat fünf Filmproduktionsgesellschaften in den USA und Großbritannien erworben. In Deutschland besitzt sie die Polygram Film GmbH, die bisher allerdings nur eine reine Finanzierungsgesellschaft ist.
Ein wichtiges Motiv für die Diversifizierung in den Filmbereich ist bei den Hardware-Konzernen die schon für den Musikbereich erwähnte Abfederung durch Software. Außerdem können durch die Integration der Bereiche Film, Fernsehen und Musik unter einem Dach mittels wechselseitigem Marketing Synergieeffekte realisiert werden, und nicht zuletzt wird die Filmproduktion allgemein als Wachstumsbranche angesehen.

c) Diversifizierung in den Bereich Musikfernsehen

Das jüngste Feld der Diversifizierung der Musikunternehmen in Deutschland stellt die Expansion in den Bereich des Musikfernsehens dar. Anfang August 1993 gründeten die vier Tonträgerunter-

346 So wurde ab 1984 der neue Tonträger CD Wachstumsträger des stagnierenden Tonträgermarktes. Bereits fünf Jahre nach ihrer Einführung hatte sie die LP als wichtigsten Umsatzträger abgelöst.

nehmen Warner Music Germany Entertainment, Sony Medien Beteiligungs GmbH, Polygram und Thorn Emi den TV-Kanal Viva[347]; weiterer Gesellschafter wurde im September 1993 Frank Otto, Eigner des OK-Radios. Jeder der fünf Gesellschafter hält derzeit 19,8 % der Anteile. Ein Prozent hält die von drei mittelständischen Videoproduktionsunternehmen gebildete Viva Media GmbH.
Vorrangiges Ziel des neuen Fernsehsenders, der nach der Lizenzvergabe durch die Landesanstalt für Rundfunk in Nordrhein-Westfalen (LfR) Ende 1993 auf Sendung ging, ist dabei, den Absatz an Tonträgern, insbesondere der mit deutschen Interpreten[348], anzukurbeln.[349] Die deutschen Landesgesellschaften der Majors beklagen, daß es immer schwieriger geworden ist, die bei ihnen unter Vertrag stehenden deutschen Interpreten in den Medien zu lancieren, da die Fernsehsender, ob nun öffentlich-rechtlich oder privat, fast alle Popmusiksendungen aus ihren Programmen genommen haben und auch im Radio immer weniger deutsche Musik läuft. Auch bei dem Musikkanal MTV machen deutsche Videoclips nur einen Anteil von ca. 10 % aus.

146 Einnahmen aus Werbegeldern stehen als Unternehmensziel dagegen im Hintergrund, rechnet man bei Viva doch nur mit dem relativ kleinen Marktanteil von 0,5 %.[350]
Das Sendematerial, vor allem Musikclips, kann kostengünstig von den beteiligten Tonträgerunternehmen geliefert werden, und in Werbespots können die eigenen Produkte von der Hifi-Anlage über Videos bis hin zu Tonträgern vorgestellt werden.
Viva erscheint so als reiner Werbeträger der Tonträgerhersteller. "Programm und Reklame fließen ineinander über - und fertig ist der mediale Synergieeffekt, der sich auch ohne große Marktanteile rechnen soll."[351]

347 Diese Musikkonzerne beabsichtigten auch, zusammen mit Tele-Communications Inc. (TCI), dem größten Kabelbetreiber der USA, 1994 einen weltweiten Musikkanal aufzubauen (text intern vom 25. März 1994).

348 Der Anteil deutscher Musik soll laut Lizenzantrag bei rund 40 % liegen.

349 Die an der Viva Media GmbH beteiligten Videoproduktionsunternehmen sind dagegen daran interessiert, selbst Videos für den TV-Kanal zu produzieren.

350 1994 werden Werbeeinnahmen von 7 Mio. DM erwartet (Medienspiegel vom 21. März 1994).

351 Ulf Brychcy: Heimspiel im Heimkino. In: Süddeutsche Zeitung vom 25. August 1993.

d) Diversifizierung in den Bereich Software für Spiele, Unterhaltung und Erziehung

Anfang 1994 unterzeichnete BMG International eine langfristige Vertriebsvereinbarung mit dem US-amerikanischen Programmhersteller Crystal Dynamics.[352] Damit steigt BMG als erster Major in den Multimedia-Markt ein.

3.2.4 Vertikale Konzentration vs. Outsourcing, Kooperationen und Verflechtungen

Ein Tonträgerunternehmen steht vor der Frage, ob es neben der Herstellung, die auch im Auftrag durch Dritte geschehen kann, auch die übrigen Vorgänge der Vermarktung, wie Popularisierung (Marketing und Werbung), Pressung und Vertrieb, selbst vornimmt oder an spezialisierte Unternehmen weitergibt.
Auf dem Markt befinden sich sowohl Unternehmen, die sich auf spezielle Kerntätigkeiten bzw. nachgelagerte Tätigkeiten spezialisiert haben, wie Produktbeschaffung (Artist & Repertoire, kurz A&R), Marketing, Vertrieb, Distribution oder Herstellung, als auch vertikal integrierte Unternehmen wie die Majors, die fast alle Bereiche abdecken. Ähnlich wie bei den großen Zeitschriftenverlagen herrscht auch hier der Autarkiegedanke vor. Polygram z.B. verfügt über die Repertoire-Unternehmen Polydor, Metronome, Deutsche Grammophon, den Musikverlag Polygram Songs, den Vertrieb Polygram Record Service und ein Preßwerk in Hannover. BMG hat die Repertoire-Gesellschaften BMG Ariola München, BMG Ariola Hamburg, BMG Ariola Media, BMG Ariola Miller, die Musikverlage Arabella Musikverlag, BMG Songs, Cyclus Musikverlage und UFA Musik- und Bühnenverlage sowie ein Preßwerk in Gütersloh. In dem mittelgroßen Unternehmen edel company gibt es ebenfalls die Strategie, alle vor- und nachgelagerten Dienstleistungen in das Unternehmen einzugliedern. Dahinter steht allerdings nicht der Gedanke der Autarkie, sondern der der Kostenminimierung. In dem inhabergeführten Unternehmen mit einer noch überschaubaren Größe und daraus resultierenden guten Kontrollmöglichkeiten können Dienstleistungen kostengünstiger erbracht als auf dem Markt eingekauft werden.[353]

352 Frankfurter Rundschau vom 31. März 1994.

353 Aussage von Michael Haentjes im Interview vom 15. Juni 1993.

Insbesondere eigene Preßwerke werden von den Majors als unverzichtbar angesehen, damit bei Veröffentlichungen von Superstars der Großteil des Marktbedarfs selbst befriedigt werden kann und sie nicht in Abhängigkeit von anderen Preßwerken geraten. Allerdings sind selbst die großen Preßwerke nicht für solch hohe Stückzahlen konzipiert. Deshalb gibt es auf dieser Ebene auch immer Kooperationen der Majors untereinander. Die Nutzung der Preßwerke durch andere Tonträgerhersteller ist dabei schon eingeplant. So arbeiten die Preßwerke von BMG, Sony und der edel company als profit-center.
Eine andere interessante Entwicklung bezüglich vertikaler Integration ging von konzernunabhängigen Preßwerken aus: Die Innovation CD rief 1984 eine hohe Nachfrage nach Preßkapazitäten bei den sich in Umstellung befindenden Majors hervor. Dies führte dazu, daß Unternehmen, die bisher im Maschinenbau tätig waren, sich eigene CD-Fertigungsstraßen zulegten. Als die Aufträge von den Majors, die inzwischen ihre Kapazitäten vergrößert hatten, geringer wurden, begannen einige Unternehmen, einen Repertoire-Bereich in ihr Unternehmen zu integrieren. Dabei verfolgen sie eine Strategie der Billigprodukte.
Neben Kooperationen der Majors auf der Ebene der Preßwerke kann es auch zu Kooperationen auf der Ebene der Verlage kommen. Dies ist allerdings keine wirtschaftlich effiziente Lösung, sondern resultiert daraus, daß Verlagsrechte oft vor einem Vertragsabschluß mit einer Plattenfirma vergeben werden. So besitzt Polygram Songs die Verlagsrechte für die Gruppe "Snap", die allerdings bei BMG in München, die auch über einen eigenen Verlag verfügen, unter Vertrag ist. In der Regel kommt es in solchen Fällen zu Kooperationen zwischen den beiden Verlagen.
Entgegen der Strategie der vertikalen Konzentration hat auf der Ebene der Produktion eine Auslagerung stattgefunden. Dies betrifft sowohl die Beschaffung von neuem Repertoire und die Rekrutierung neuer Künstler als auch die Studios. In den letzten vier, fünf Jahren haben sich die meisten großen Tonträgerhersteller wie Teldec und Polygram von ihren Studios getrennt. Dies liegt einerseits daran, daß es für sie mit zu hohen Investitionen verbunden war, den neuesten Stand der Technik zu halten, und andererseits daran, daß heute ein Großteil der Produktionen, die früher in Studios aufgenommen wurden, zu Hause in Home-Studios aufgenommen werden.[354]

354 Vgl. Abschnitt 2.4.

BMG Ariola Hamburg besaß nie eigene Studios. Auch die Beschaffung von neuem Repertoire und die Suche nach Talenten wird immer mehr von den großen Artist & Repertoire-Abteilungen der Majors zu unabhängigen Produzenten und Musikverlagen ausgelagert. Dahinter steht auf der einen Seite der Gedanke, daß kleine Einheiten Kreativität besser aufspüren und betreuen können, und auf der anderen Seite die Strategie, Risiko und Kosten zu minimieren. Produzent oder Musikverlag produzieren dann auf eigene Rechnung und bieten den Schallplattenfirmen entweder Demo- oder Masterband an. Die Schallplattenfirma zahlt i.d.R. einen geringeren Preis als die Produktionskosten und beteiligt Produzent bzw. Musikverlag über eine producer fee an den Verkaufserlösen.
Der Vertrieb, der die Präsenz der Tonträger am Verkaufsort flächendeckend sicherstellen soll, spielt im Musikgeschäft eine entscheidende Rolle. Die Majors geben diese wichtige Aufgabe nicht aus der Hand. Von den ca. 300 Mitgliedsunternehmen des Bundesverbandes der Phonographischen Wirtschaft verfügen 36 über ein eigenes Vertriebssystem. Die kleinen Tonträgerunternehmen nehmen die Dienste von kleinen, auf Independent-Produkte spezialisierten Vertrieben wie EFA und SPV in Anspruch. Da diese Vertriebe in letzter Zeit bei großen Einzelhandelsketten, die immer weniger bereit sind, Independent-Produkte in ihr Sortiment aufzunehmen, auf Probleme stoßen, besteht ein Interesse der kleinen Tonträgerunternehmen, den Vertriebsapparat der Majors zu nutzen. Die Majors auf der anderen Seite versprechen sich von einer solchen Kooperation ihre Repertoire-Möglichkeiten zu erweitern und neue Talente zu entwickeln. Deshalb gab es im Bereich des Vertriebs in den letzten Jahren zahlreiche Kooperationen der Majors mit mittelgroßen und kleineren Tonträgerherstellern.

Ein Beispiel für die Zusammenarbeit eines Majors mit einem kleinen Hamburger Independentlabel ist der Kooperationsvertrag von Polydor mit dem Label l'age d'or (v. Rautenkranz GbR) über die Übernahme des Vertriebs der von l'age d'or produzierten Tonträger durch Polydor. Dabei wurden dem Independentlabel Festabnahmen in Höhe von 3.000 bis 4.000 Stück zugesichert. Auf der anderen Seite hatte Polydor das Recht, bei gutem Absatz die Tonträger direkt als Bandübernahme zu übernehmen und in den eigenen Apparat mit eigenem Marketing und eigener Promotion zu integrieren. Dieses Abkommen war für Polydor mit seinem vergleichsweise schwerfälligen Apparat wesentlich preisgünstiger, als selbst neue Künstler zu rekrutieren.

Auch mittelgroße Tonträgerunternehmen sind an Kooperationsverträgen mit den Majors interessiert. Ein Beispiel hierfür ist der Lizenz- und Distributionsvertrag von BMG mit MCA, in dem vereinbart wurde, daß BMG den weltweiten Vertrieb (mit Ausnahme der USA, Kanada und Japan) von MCA mit den Labels MCA, Geffen und der GRP übernimmt und die MCA-Künstler als BMG-Künstler vermarkten darf. Eine ähnliche Vereinbarung traf die BMG Ariola Hamburg mit dem Label Giant Records im April 1993. Dort wurde die Übernahme der Lizenzvergaben und die Distribution der Giant Records außerhalb Nordamerikas durch BMG festgeschrieben.
Auch bei der Veröffentlichung von Kopplungstonträgern[355] kommt es zu Kooperationen zwischen den Tonträgerherstellern. Dabei findet ein "Austausch" von Lizenzen statt. Sony hat z.B. von der edel company die Lizenz für ein Stück von Joe Cocker für seine jüngste Kuschelrock-Ausgabe erworben.
Neben den Studios, die i.d.R. nach den Wünschen der Künstler ausgesucht werden, nehmen die Tonträgerhersteller noch Texter, Graphiker, Druckereien, Lithographieanstalten und Photographen

sowie free-lancer für die Promotion als Dienstleister in Anspruch. Speziell bei der Covergestaltung als einem eigenständigen Aufgabenfeld handelt es sich zum großen Teil um feste Beziehungen.
Außerdem findet eine Zusammenarbeit mit Werbeagenturen bei der Herstellung von Werbespots statt, für die die Tonträgerunternehmen die Musik bereitstellen. Dabei gehen sowohl die Werbeagenturen auf die Tonträgerunternehmen zu und bitten um Musikvorschläge für Werbespots, ebenso wie die Tonträgerunternehmen von sich aus den Werbeagenturen Vorschläge unterbreiten.

3.2.5 Interne Strukturen der Unternehmen

Die Unternehmensstruktur der Tonträgerunternehmen ist zunächst von ihrer Größe abhängig. Bei den kleinen Hamburger Tonträgerunternehmen mit nur ein bis drei Mitarbeitern kann man kaum von einer Unterteilung in verschiedene Bereiche und einer Aufgabenteilung sprechen.
Das mittelgroße Tonträgerunternehmen edel company mit 230 Mitarbeitern, davon 90 in Hamburg, ist als Holdinggesellschaft mit mehreren 100%igen Töchtern im Ausland organisiert.

355 Auf Kopplungstonträgern, wie etwa "Die größten Hits der 80er Jahre" und "Kuschelrock", sind Aufnahmen verschiedener Musikunternehmen enthalten.

Die Kerngesellschaft, die Edel Gesellschaft für Produktmarketing, ist in die Bereiche Marketing, Vertrieb, Finanzen/Administration und Mail Order Services untergliedert. Die einzelnen Labels arbeiten nicht als profit center. Ein wichtiges Merkmal des Unternehmens ist die alles umfassende Kontrolle durch den Inhaber; es gibt keinen großen bürokratischen Apparat, Entscheidungen können schnell gefällt werden.

Die Konzerne der Majors bestehen aus Zentralen (headoffices) und Landesgesellschaften. In der Zentrale, in der die Leitung angesiedelt ist, werden alle wesentlichen Funktionen des Konzerns, insbesondere Produktbeschaffung und Marketing, koordiniert. Bei einigen Majors haben die Zentralen auch die Aufgabe übernommen, neue Künstler zu rekrutieren. Diese Beschaffung von lokalem Produkt ist eigentlich Aufgabe der jeweiligen Landesgesellschaften, die außerdem noch der Vermarktung und dem Vertrieb des lokalen als auch des internationalen Produkts der Schwestergesellschaften nachgehen.

Fast alle Majors haben mehrere Repertoire-Gesellschaften im Markt, um alle Musikrichtungen im Bereich des lokalen Produkts zu nutzen und alle Produkte von Schwestergesellschaften vollständig auswerten zu können. Bei Polygram z.B. sind dies gesellschaftsrechtlich eigenständige Unternehmen, wie die Polydor GmbH, die Phonogram GmbH und die Metronome GmbH, mit Gewinn- und Verlustverantwortung und eigenem Controlling.

Auch BMG besitzt mehrere Repertoire-Gesellschaften, die als profit center arbeiten. Dabei spielt einerseits die Unterscheidung in Hoch-, Mittel- und Niedrigpreissegmente eine Rolle, andererseits die von den einzelnen Gesellschaften hauptsächlich vermarktete Musikrichtung.

Während BMG Ariola Miller in Quickborn den Budgetbereich und das Kinderprodukt abdeckt und dabei mit Supermärkten zusammenarbeitet, ist die eigens 1991 gegründete BMG Ariola Media auf funk- und fernsehbeworbene Produkte spezialisiert. BMG Ariola München und BMG Ariola Hamburg vertreiben dagegen Hochpreisprodukte und entwickeln Konzepte für die Mittelpreisprodukte.

Die von BMG Ariola Hamburg und BMG Ariola München vertriebenen Produkte unterscheiden sich in der Musikrichtung. Während Hamburg eher im Bereich der Rockmusik tätig ist, werden in München hauptsächlich Schlager vermarktet.

Eine Trennung nach Musikrichtungen macht insofern Sinn, als einerseits der potentielle Käufer ein Label mit einer bestimmten Musikrichtung identifizieren kann. Andererseits - und das ist wohl der bedeutendere Grund - ist es wichtig, daß die Mitarbeiter eines Tonträgerunternehmens sich mit den bei dem Unternehmen unter Vertrag stehenden Künstlern identifizieren können bzw. deren Musik nicht ablehnend gegenüberstehen, um eine gute Betreuung zu gewährleisten. In Hamburg könnte man sich z.B. nicht vorstellen, die Wildecker Herzbuben zu betreuen.
Unterschiede in der Unternehmensstruktur zwischen Polygram und BMG gibt es insofern, als alle Repertoire-Gesellschaften von Polygram die Servicefunktionen des Konzerns, wie Vertrieb, Logistik und Lagerhaltung, benutzen. Dagegen verfügen die zu BMG gehörenden Repertoire-Gesellschaften jeweils über einen eigenen Vertrieb.

3.2.6 Beziehungen zu anderen Medien

152 Die Print-, Audio- und audiovisuellen Medien spielen eine zentrale Rolle bei den Promotionaktivitäten für Tonträger. Zum einen finden solche Maßnahmen im Produktumfeld statt, d.h. durch Beiträge über die unter Vertrag stehenden Künstler und ihre Musik, zum anderen durch die Präsentation des Produkts oder des Künstlers in den Medien. Hierzu gehören Radioeinsätze des jeweiligen Tonträgers und Fernsehauftritte des Künstlers. Seit den 70er Jahren wurde die Zusammenarbeit mit den elektronischen Medien institutionalisiert, z.B. durch Kooperationen bei Musiksendungen im Fernsehen. Dabei übernimmt das Tonträgerunternehmen die Produktionskosten für die Musikaufnahmen und beteiligt das Fernsehen an den Verkaufserlösen der Tonträger.
Die wechselseitige Verstärkung der jeweiligen Marketing-Strategien, insbesondere bei Filmmusiken[356], hat zu ähnlichen Arrangements bei Soundtracks für Spielfilme und Hits im Film geführt.
Ein aktuelles Beispiel für die Zusammenarbeit zwischen Tonträgerunternehmen und Fernsehveranstaltern ist die edel company-Veröffentlichung der Musik der in RTL ausgestrahlten Fernsehserie "Gute Zeiten, schlechte Zeiten".

356 Ein gutes Beispiel hierfür ist der Film "Bodyguard".

4. Standortfragen im Bereich Audiomedien

4.1 Wichtige Standortfaktoren

Hamburg ist in einem historischen Prozeß der wichtigste Ansiedlungsort für Musikunternehmen in Deutschland geworden. Nach dem Zweiten Weltkrieg verlegten viele Unternehmen ihren Sitz nach Hamburg, wie der Sikorski Musikverlag 1949, die Deutsche Grammophongesellschaft 1958 und Polygram 1960. Die Plattenfirma Teldec wurde 1950 in Hamburg gegründet. Bei der Wahl des Standorts spielten für die auf Klassik spezialisierten Unternehmen neben der Größe der Stadt auch der ausgezeichnete Ruf der Hamburger Oper eine wichtige Rolle.

Bei der Ballung von Musikunternehmen ist es auch kein Zufall, daß Hamburg Sitz des Bundesverbandes der Phonographischen Wirtschaft[357], der Deutschen Landesgruppe der IFPI (International Federation of the Phonographic Industry)[358], des Verbandes unabhängiger Tonträgerhersteller[359], der Gesellschaft zur Verwertung von Leistungsrechten (GVL)[360] und der Deutschen Phono-Akademie ist.[361]
Die Tatsache, daß die Mitbewerber ihren Sitz auch in Hamburg haben, hat für die befragten Unternehmen unterschiedliche Relevanz. Während dies für Sony Classical ein wichtiges Kriterium war, Hamburg als Standort zu wählen - "Wenn Manager von außerhalb ein Unternehmen der Schallplattenindustrie aufsuchen, ist es für sie einfach, noch andere am gleichen Ort mitzunehmen" -, wird sie von Polygram als nicht wichtig empfunden. BMG weist in diesem Zusammenhang auf die Möglichkeit von informellen Kontakten zwischen den Tonträgerunternehmen hin. Auch von den kleinen

357 Der Bundesverband der Phonographischen Wirtschaft nimmt die klassischen Aufgaben eines Wirtschaftsverbandes wie die Koordinierung gemeinsamer Branchenbelange und Lobbyarbeit wahr.

358 Aufgabe der IFPI ist die Wahrung von Leistungs- und Urheberschutzrechten ihrer Mitglieder. Sie handelt für die Tonträgerunternehmen Rahmenverträge mit der GEMA aus.

359 Der Verband unabhängiger Tonträgerhersteller wurde im Mai 1993 in Hamburg mit dem Ziel gegründet, Forderungen der kleinen Tonträgerunternehmen gegenüber den Majors, der Politik und den Medien durchzusetzen.

360 Die GVL nimmt die Interessen von Interpreten und Tonträgerunternehmen bei öffentlichen Aufführungen z.B. im Rundfunk oder in Diskotheken wahr.

361 Die Deutsche Phono-Akademie wurde 1972 von Tonträgerunternehmen mit dem Ziel der Nachwuchsförderung gegründet. Sie vergibt jährlich die beiden Tonträgerpreise "Echo-Pop" und "Echo-Klassik".

Tonträgerunternehmen wird die Präsenz der Majors in Hamburg als vorteilhaft angesehen, da die kurzen Wege Kontakte und mögliche Kooperationen begünstigen.

Die Ballung von Tonträgerunternehmen in Hamburg hat gleichzeitig auch zu einer Ansammlung von kompetenten Leuten im Musikgeschäft geführt. Angesichts der Tatsache, daß die Musikbranche ein "People Business" ist, wird dies als entscheidender Standortvorteil von Hamburg gesehen. Die Expansion der edel company basiert zu einem großen Teil darauf, daß es in Hamburg relativ einfach war, kompetente Mitarbeiter anzuwerben.[362]

Des weiteren spielt es für die Rekrutierung von Arbeitskräften - und in der Musikwirtschaft arbeiten überwiegend junge Leute - eine wichtige Rolle, daß Hamburg eine lebendige Stadt ist, wie es einer unserer Gesprächspartner ausdrückte: "Hamburg swingt - hier ist was los; Hamburg ist ein kreativer Standort für junge Leute."

Einen wichtigen Standortfaktor stellt auch die Ballung der anderen Medien in Hamburg dar, insbesondere die der als Multiplikatoren und Gatekeeper fungierenden Verlage und Rundfunkveranstalter. Dabei kommt es nicht unbedingt automatisch zu Kontakten zwischen den verschiedenen Akteuren, aber es ist relativ einfach, solche Treffen z.B. in Form von Stammtischen zu organisieren. Außerdem erreicht man bei Präsentationskonzerten eines Künstlers in Hamburg einen Großteil der in Deutschland wichtigen Medien. Andererseits wird durch die Regionalbüros in allen großen Medienstandorten Deutschlands der Kontakt zu Verlagen, Fernsehen und Hörfunk sichergestellt. Die dort ansässigen Angestellten besuchen gezielt die Medien, um die Künstler in den jeweiligen Medien unterzubringen.

Die räumliche Nähe zu Graphikern, und damit deren Vorhandensein in Hamburg, wird von den Befragten als wichtig erachtet, da bei der Covergestaltung des öfteren Rücksprachen stattfinden müssen. Auch die Zusammenarbeit mit Hamburger Werbeagenturen bei der Produktion von Werbespots wird von den Tonträgerunternehmen hervorgehoben. Dagegen ist die räumliche Nähe zu Preßwerken unwichtig, da Transport- und Frachtkosten für CDs niedrig sind.

362 Interview mit Michael Haentjes am 15. Juni 1993.

Weitere Standortvorteile von Hamburg sind die Liberalität der Stadt und die Aufgeschlossenheit des Senats gegenüber der "alten ehrwürdigen" Kultur.[363]

Dagegen wird die Haltung des Senats gegenüber Jugendkultur, insbesondere Popmusik, beklagt. Außerdem wird bemängelt, daß in Hamburg keine große Mehrzweckhalle für große Musikveranstaltungen wie in anderen Großstädten Deutschlands existiert. Für das Image der Tonträgerindustrie sei es nämlich wichtig, daß ihr Standort eine Musikstadt mit Live-Klubs und Veranstaltungen ist.

Die großen Tonträgerunternehmen haben ansonsten keine Forderungen an den Hamburger Senat. So gibt es auch keine Forderungen nach Gewerbeflächen. Große Gewerbeflächen werden von der Tonträgerindustrie nur für die Errichtung von Preßwerken benötigt, an denen in Hamburg kein Bedarf besteht. Nachdem es in der Vergangenheit wenig Kommunikation zwischen der Musikbranche und der Politik gegeben habe - der Senat sich z.B. nicht ausreichend engagiert habe, die PopKomm[364] nach Hamburg zu holen -, beginne der Senat nach Ansicht einiger Unternehmen, die Musikindustrie ernst zu nehmen, sie als weichen Standortfaktor und Anziehungsmerkmal für eine urbane Region anzuerkennen. Dies äußere sich z.B. bei der Beseitigung bürokratischer Hindernisse.

Die kleinen Tonträgerunternehmen begreifen sich ähnlich wie kleine Filmproduzenten auch als Verbreiter von Kulturinhalten und fordern dementsprechend auch eine staatliche Förderung für kleine Labels. Außerdem regen sie ein Medienzentrum für Musik, vergleichbar mit dem Filmhaus, an.

Für das Talent Scouting spielt der Standort eines Tonträgerherstellers keine große Rolle. Die Nähe zur Musikszene war vor einigen Jahren zwar der Grund für die Abwanderung der Phonogram nach Köln. Inzwischen zieht man es aber bei der Muttergesellschaft Polygram vor, alle A&R-Aktivitäten an einem Ort zu konzentrieren, und hat deshalb die Rückkehr der Phonogram nach Hamburg beschlossen.

363 Trotz genereller Einsparungspolitik wurde 1993 der Kulturetat in Hamburg erhöht.

364 Die in Köln stattfindende PopKomm wurde erstmals 1989 auf Betreiben der Musikindustrie als speziell für die deutsche Musikwelt konzipierte Mischung aus Messe, Kongreß und Festival veranstaltet.

Innerhalb Hamburgs bevorzugen die meisten großen Musikunternehmen einen Standort in der City. Die City-Nähe ist für den Imagetransport nach außen von Vorteil, da es sich bei der Musikwirtschaft um ein Repräsentationsbusiness handelt. Dies gilt jedoch nicht für alle Unternehmen in gleichem Maß. So wird z.B. von der edel company - wohl auch aufgrund der Art der von ihr vertriebenen Produkte - der Repräsentationsfunktion keine Bedeutung beigemessen. Die edel company hat einen preiswerteren Standort außerhalb der Innenstadt gewählt.

4.2 Standortkonkurrenz

Es herrscht bei den Befragten Einigkeit darüber, daß Hamburg auch in Zukunft der Standort für die Tonträgerhersteller sein wird. Es werden mittelfristig keine Abwanderungstendenzen gesehen, auch nicht nach Berlin.

Die langfristige Entwicklung Berlins zu einem europäischen Kulturzentrum wird zwar den Abzug von einigen Kapazitäten aus anderen Städten zur Folge haben. Aber die Befragten gehen davon aus, daß dies nicht zu einer Konzentration der Musikwirtschaft in Berlin führen wird. Polygram z.B. kann sich vorstellen, mit einem Artist & Repertoire-Bereich in Form einer kleinen Tochtergesellschaft nach Berlin zu gehen.

VII. PERSPEKTIVEN DER HAMBURGER MEDIENWIRTSCHAFT

Die vorstehende Darstellung hat die große Bedeutung der Hamburger Medienwirtschaft für den Standort Hamburg gezeigt.
Die zukünftige Entwicklung der Hamburger Medienwirtschaft hängt einerseits von bundes- und weltweiten Trends wie dem Verhalten der Konsumenten gegenüber Medieninhalten auf der Nachfrageseite und Strategien der großen Medienkonzerne auf der Angebotsseite ab und andererseits davon, wie der Standort Hamburg von den Medienunternehmen bewertet wird. Bevor Prognosen über die zukünftige Entwicklung der Hamburger Medienwirtschaft aufgestellt werden, sollen deshalb zunächst Trends auf Medienmärkten und in den Medienkonzernen diskutiert und die Einschätzung der Standortqualität Hamburgs durch die Hamburger Medienunternehmen referiert werden.

1. Bundesweite Trends in der Medienwirtschaft

Die Medienwirtschaft hat in den letzten 10 Jahren mit überproportional hohen Wachstumsraten einen zunehmenden Stellenwert in der deutschen Ökonomie erlangt. Dies ist vor allem auf drei Gründe zurückzuführen.
Zum einen ist in einer immer mehr an Freizeit, Kultur und Wissen ausgerichteten Gesellschaft die Nachfrage nach Information und Unterhaltung gestiegen. Desweiteren führte die Zulassung privater Rundfunkveranstalter zur Vergrößerung des Marktes für Rundfunk- und Fernsehprogramme und schuf zusätzliche Möglichkeiten, Werbung an potentielle Konsumenten zu bringen. Schließlich war in die durch die Vereinigung Deutschlands entstandene zusätzliche Nachfrage nach Konsumgütern auch die nach Medien und Werbemöglichkeiten inbegriffen.
Auch wenn sich diese wirtschaftlich positiven Auswirkungen der deutschen Vereinigung auf die Medienunternehmen inzwischen erschöpft haben, wird sich die Medienwirtschaft in Deutschland weiterhin als prosperierender Wirtschaftszweig behaupten können. Es erscheint jedoch als wahrscheinlich, daß die Verschlechterung der

wirtschaftlichen Lage, vor allem ein Rückgang der Reallöhne, dazu beitragen wird, daß die Nachfrage nach Medien deutlich niedrigere Wachstumsraten als in der Vergangenheit aufweisen wird.
Wie es sich schon in der zurückliegenden Entwicklung abzeichnete, sind dabei Unterschiede für die einzelnen Medienbranchen zu erwarten. Es deutet sich an, daß der Bereich Printmedien, der in den vergangenen Jahren die niedrigsten Wachstumsraten der betrachteten Branchen aufwies, in eine Phase der Stagnation eintritt. Dies betrifft zum einen die Zeitungs- und Zeitschriftenverlage, die von einer weiteren, wenn auch langsamer wachsenden Umschichtung der Werbegelder betroffen sind, und zum anderen die Unternehmen der Druckindustrie, in denen - unterstützt durch technische Innovationen - Rationalisierungsmaßnahmen und eine Aufgabenumverteilung zu dem redaktionellen Bereich fortschreiten.
Im Bereich Audiomedien sind im Vergleich zu der Vergangenheit kleinere, aber immer noch positive Zuwachsraten zu erwarten. Die Musikwirtschaft kann dabei an der vergrößerten Nachfrage der Rundfunkanstalten an Programmen partizipieren, da Musik eine wichtige und preisgünstige Programmquelle darstellt. Dagegen ist es fraglich, ob die Entwicklung neuer Tonträger nochmals einen ähnlichen Wachstumsschub auslösen kann wie seinerzeit die CD.
Größere Wachstumsraten als bei den Print- und Audiomedien sind bei den audiovisuellen Medien und der Werbung zu erwarten. Die durch die Zulassung privater Fernsehveranstalter initiierte expansive Entwicklung wird sich bei den audiovisuellen Medien fortsetzen, der Bedarf nach Programmen wird in nächster Zukunft noch weiter wachsen. Auch die Werbebranche wird sich angesichts eines Nebeneinanders von prozyklischem und antizyklichem Verhalten gegenüber der allgemeinen Wirtschaftsentwicklung weiterhin als Wachstumsbereich behaupten.

2. Unternehmensstrategien

Im folgenden werden Unternehmensstrategien und -konzepte vorgestellt, die in den letzten Jahren eine große Bedeutung für die Medienwirtschaft gewonnen haben und auch in Zukunft eine wichtige Rolle spielen werden. Dabei handelt es sich um die Reorganisation interner Strukturen und Abläufe in den großen Medienkonzernen, um die unternehmensübergreifende Reorganisation der gesamten Wertschöpfungskette eines Bereiches und um Internationalisierungstendenzen.
Die Segmentierung und Individualisierung der Gesellschaft hat in den 80er Jahren zu einer fortschreitenden Diversifizierung der Nachfrage geführt. Die großen Medienkonzerne waren damit konfrontiert, daß sie Marktanteile verlieren würden, wenn sie sich weiterhin ausschließlich nur am Massengeschmack orientierten und Produkte schufen, die den meisten Konsumenten gefallen und den Geschmack der wenigsten verletzen. Es boten sich Chancen für kleine, auch neue Unternehmen, in Nischen vorzudringen, indem sie sich auf ein von den großen Konzernen vernachlässigtes Segment spezialisierten. Ein Beispiel hierfür sind Verlage, die sich auf eine oder mehrere Special-interest-Zeitschriften spezialisiert haben, oder kleine Tonträgerunternehmen, die neue Musiktrends kreierten.
Gleichzeitig werden Trends immer kurzlebiger und der von Schumpeter konstatierte Prozeß von Innovation und Imitation[365] immer kürzer. Damit werden sich immer wieder neue Nischen bilden, in die kleine Unternehmen vordringen können.
Die großen Medienkonzerne haben erkannt, daß die für den Erhalt ihrer Marktstellung notwendigen Innovationen nicht unter den Bedingungen einer hierarchischen Organisation hervorgebracht werden können, sondern Innovationen in kleinen Unternehmenseinheiten ohne einen großen entscheidungshemmenden Verwaltungsapparat entstehen.
Diese Erkenntnis führte dazu, daß innerhalb der großen Unternehmen vermehrt dezentrale Entscheidungsstrukturen und kleine kreative Zellen - teilweise in Form von eigenverantwortlichen Abteilungen (profit-centern) - geschaffen wurden.

365 Schumpeter, Joseph: Theorie der wirtschaftlichen Entwicklung, Berlin 1964, 6. Auflage.

Dies ist bei vielen Verlagen und Werbekonzernen der Fall. So werden in vielen Verlagen Zeitschriften als profit center geführt. Weltweit organisierte Werbekonzerne lassen ihre Tochtergesellschaften selbständige Entscheidungen fällen, und es werden kleinere Unternehmenseinheiten mit eigenem Geschäftsführer gebildet. Daneben gibt es die Variante, daß kreative, aber auch andere Aufgaben in andere Unternehmen ausgelagert wurden. Dies ist hauptsächlich in der Fernseh- und Musikwirtschaft der Fall gewesen. Die vertikale Desintegration, die eine komplexe Arbeitsteilung zwischen vielen kleinen spezialisierten Unternehmen und großen Universalunternehmen mit sich gebracht hat, diente in vielen Fällen auch der Kostenreduzierung. Um die Unsicherheit, die von diesen desintegrierten Produktionsabläufen ausgeht, zu mindern und eine ausreichende Produktivitäts- und Profitrealisierung sicherzustellen, wurden deshalb speziell konzipierte Formen und Verfahren, sei es durch Verträge oder Beteiligungen, entwickelt.

Die in den 80er Jahren gegründeten privaten Fernsehveranstalter halten selbst kaum eigene Produktionskapazitäten vor und vergeben Aufträge an Fernsehproduktionsunternehmen. Diese können i.d.R. billiger produzieren, da sie nicht ständig feste Mitarbeiter beschäftigen und große technische Kapazitäten bereitstellen müssen. Auch bei den öffentlich-rechtlichen Fernsehanstalten ist eine solche Tendenz erkennbar, auch wenn es Umstellungsprobleme durch arbeitsrechtliche Vorschriften gibt.

Auch in der Musikwirtschaft sind die großen Musikkonzerne in den 80er Jahren dazu übergegangen, mit unabhängigen Produzenten zusammenzuarbeiten, die schneller und couragierter auf neue Musiktrends reagieren können. Dazu wurden in den großen Unternehmen halbautonome Abteilungen geschaffen, die, ohne jedes Mal Rücksprache mit der Geschäftsleitung nehmen zu müssen, mit unabhängigen Produzenten Distributionsverträge abschließen können. Dabei benutzen die kleinen Tonträgerunternehmen grundsätzlich die gleichen Preßwerke, Marketing-, Promotions- und Distributionsapparate wie die Majors.

Das Auslandsengagement der Medienunternehmen hat in den vergangenen Jahren erheblich zugenommen. In Zukunft wird sich der Aktionskreis der Unternehmen durch die ökonomische Öffnung Osteuropas und den europäischen Binnenmarkt weiter vergrößern. In der Musikwirtschaft ist die Internationalisierung am weitesten fortgeschritten. Die weltweit organisierten Majors rekrutieren und vermarkten ihre Künstler auf internationaler Ebene.

International operierende Zeitschriftenverlage und Werbekonzerne nutzen Synergieeffekte, die sich durch Übertragung von nationalen Zeitschriftenformaten ins Ausland bzw. durch den Entwurf welt- oder europaweiter Werbekampagnen ergeben.
Im Gegensatz zu anderen, hauptsächlich im Industriesektor angesiedelten Branchen hat das verstärkte Auslandsengagement von Medienunternehmen bisher nicht zu einer nennenswerten Verlagerung von Unternehmensteilen in Billiglohnländer geführt.

3. Die Bewertung des Standortes Hamburg durch Medienunternehmen

3.1 Positive Standortfaktoren

Alle von uns befragten Unternehmen haben den Standort Hamburg überwiegend positiv bewertet. Ihre Einschätzung fußt dabei auf Faktoren, die nur eine Großstadt mit einer Vielzahl von in der Medienwirtschaft tätigen Unternehmen bieten kann.
Alle Interviewpartner stellten die Lebensqualität Hamburgs in den Vordergrund. Die Mischung aus Kultur, Erholungsreservoirs und Aktion mache Hamburg gerade für junge Leute, deren Anteil bei den Beschäftigten der Medienwirtschaft überdurchschnittlich hoch ist, attraktiv und erleichtert es den Unternehmen, Arbeitskräfte aus anderen Regionen nach Hamburg zu locken.
Weiterhin werden die guten Verkehrsanbindungen (Flughafen, ICE-Verbindungen) lobend erwähnt. Nach der Vereinigung Deutschlands wird die geographische Lage Hamburgs auch nicht mehr nachteilig als Randlage, sondern im Gegenteil die Nähe zu den neuen Bundesländern als vorteilhaft empfunden.
Großstadttypische kulturelle Institutionen wie Theater und Oper erhöhen einerseits die Attraktivität des Standorts für die in der Medienwirtschaft Beschäftigten, andererseits spielen sie eine wichtige Rolle bei der Rekrutierung von freien Mitarbeitern. In der Studie "Synchronisation in Hamburg"[366] wurde schon die Wichtigkeit der Austauschbeziehungen zwischen Theater und Synchronisationswirtschaft aufgezeigt: Ohne die Existenz einer lebendigen Theaterszene in Hamburg könnte die Synchronisationswirtschaft z.B. nicht auf geeignete Synchronsprecher zurückgreifen; umgekehrt

366 Steinkopp, 1987.

mildern die Einnahmen aus der Synchronisationswirtschaft für viele Schauspieler das Risiko einer Theaterlaufbahn ab.
Ein weiterer wichtiger Standortfaktor wird in dem Vorhandensein von Unternehmen aus allen Medienbereichen gesehen. Einerseits leitet sich daraus das Image Hamburgs als bedeutende Medienstadt ab, was von der Rekrutierung von Arbeitskräften bis hin zur Beschaffung von Aufträgen allen Unternehmen auf die eine oder andere Weise zugute kommt. Andererseits trägt die räumliche Nähe sowohl zu direkten Kontakten zwischen in der Medienwirtschaft Tätigen, Vorleistungslieferanten und Abnehmern als auch zur Mehrfachnutzung personeller und technischer Kapazitäten bei.
Wie schon in den Einzelfallanalysen dargelegt, wird dabei der Bedeutung räumlicher Nähe von Fall zu Fall eine unterschiedliche Rolle beigemessen. In der Tendenz scheinen große Unternehmen dabei die räumliche Nähe zu Dienstleistern als weniger wichtig zu erachten als kleine und mittelständische Unternehmen. Dies wird darin seine Ursache haben, daß die Beziehungen vieler Großunternehmen zu ihren Dienstleistern vom Auftragsvolumen her, gemessen am Umsatz der Großunternehmen, keine wichtige Rolle spielen, auch wenn im Produktionsprozeß nicht auf die Dienstleister verzichtet werden kann.

Viele Unternehmen, auch aus verschiedenen Medienbereichen, greifen auf die gleichen Dienstleister zurück. Kleine und mittelständische Druckereien und Photographen werden von Buch- und Zeitschriftenverlagen und auch von Werbeagenturen in Anspruch genommen, Graphiker zusätzlich auch noch von Tonträgerherstellern. Unternehmen mit dem Schwerpunkt Computeranimation erhalten Aufträge von Verlagen, Werbeagenturen und Filmproduktionsgesellschaften, Tonstudios[367] von Werbeagenturen, Tonträgerherstellern und Filmproduktionsgesellschaften. Dabei gibt es Fälle, in denen große Unternehmen, wie z.B. der NDR oder Studio Hamburg, die Hauptauftraggeber für ein Dienstleistungsunternehmen sind, ohne daß ihr Auftragsvolumen jedoch zur Existenzsicherung ausreicht, die Dienstleister also auch noch auf andere Auftraggeber angewiesen sind.
Eine gewisse örtliche Ballung der Medienunternehmen eines Bereiches konnte schon anhand der Abbildungen 15, 19 und 23 festge-

367 Das Unternehmen Studio Loft nutzt z.B. seine Studios sowohl für Musikaufnahmen als auch für die Tonmischung von Spielfilmen und die Nachvertonung von Werbefilmen.

stellt werden. Wichtige Zentren für den Bereich audio-visuelle Medien sind dabei Studio Hamburg in Tonndorf sowie das Filmhaus, das Medienhaus und die Zeisehallen in Ottensen. In Ottensen haben sich neben kulturellen Einrichtungen wie einer Buchhandlung und einer Galerie u.a. ein Buchverlag, Filmverleihe, kleine Filmproduktionsgesellschaften, Förderungsinstitutionen, wie efdo, Media Desk, Hamburger Filmbüro, Filmfonds und Bildungswerk Medien, ein Castingbüro, eine Druckerei, ein Journalisten- und ein Designerbüro angesiedelt.
Ein weiteres interessantes Beispiel für räumliche Ballung ist der Gewerbehof in der Stresemannstraße 375, wo u.a. der Offene Kanal der Hamburgischen Anstalt für neue Medien (HAM) seinen Sitz hat. Das Tonstudio Loft Studios bezog Mitte der 80er Jahre als erstes Medienunternehmen Räume in dem Gewerbehof. Darauf folgte die HFK Film- und Fernsehproduktion, eine Werbefilmgesellschaft, und im Sog dieser beiden Unternehmen weitere Unternehmen der Medienbranche, wie Werbeagenturen, Filmproduktionsgesellschaften, Designerbüros, eine Buchbinderei und eine Druckerei. Dabei gibt es zum einen zwischen den ansässigen Unternehmen Dienstleister- und Kundenbeziehungen[368], zum anderen haben viele der hier ansässigen Unternehmen die gleichen Kunden.[369]
Einen weiteren positiven Standortfaktor stellen Medieninstitute insbesondere im Ausbildungssektor dar, die sowohl das Image Hamburgs als Medienstadt fördern als auch einen Beitrag zur Qualifizierung von Arbeitskräften für die Hamburger Medien leisten. Hervorzuheben sind hierbei das Bildungswerk Medien, die Akademie für Publizistik, die Hochschule für darstellende Kunst und Musik, der Studiengang Medienbetriebstechnik an der Fachhochschule Hamburg und der Teilstudiengang Journalistik an der Universität Hamburg sowie das in der Medienforschung tätige Hans-Bredow-Institut für Rundfunk und Fernsehen.

368 Loft Studios übernimmt beispielsweise die Vertonung von Werbefilmen für die HFK.

369 Filmproduktionsgesellschaften nehmen z.B. Dienste von den im Gewerbehof ansässigen Unternehmen Loft Studios, broadcasting videos und Molitors Casting in Anspruch.

3.2 Negative Standortfaktoren

Obwohl sich alle Befragten tendenziell sehr zufrieden mit dem Standort Hamburg zeigten und einige sogar spontan auf die Frage nach negativen Standortfaktoren mit "Gibt es nicht" antworteten, sind folgende Problembereiche festzustellen:

- Die Lage auf dem Wohnungsmarkt ist in Hamburg vielleicht noch angespannter als in anderen Großstädten Deutschlands. Die hohen Mieten oder die Schwierigkeit, überhaupt eine Wohnung zu finden, erschweren es den Unternehmen, Arbeitskräfte von außerhalb zu gewinnen, bzw. machen es nötig, höhere Löhne und Gehälter zu zahlen. Hohe Mieten wirken sich auch negativ auf die Ansiedlung und den Verbleib von kreativem Kleingewerbe (z.B. Photographen, Designer, freien Journalisten) aus und haben damit indirekt auch Auswirkungen auf das kreative Klima und das kreative Potential, auf das die Unternehmen zurückgreifen können.

- Das Image Hamburgs als Medienmetropole wird als unter seiner wirklichen Bedeutung liegend empfunden; die Rolle Hamburgs als Medienstadt nach außen sollte nach Ansicht der Befragten durch Fachveranstaltungen und Symposien deutlicher hervorgehoben werden. Außerdem sollten die Hamburger selbst durch eine exklusive Veranstaltung einen besseren Bezug zu der Medienwirtschaft bekommen.

- Einige Unternehmen in der Innenstadt beklagen einen Mangel an Parkplätzen bzw. unzureichende Anschlüsse des öffentlichen Nahverkehrs nach den Zeiten des üblichen Betriebsschlusses.

4. Die zukünftige Entwicklung der Hamburger Medienwirtschaft

Auf Grundlage der Perspektiven für die Medienwirtschaft in Deutschland ist auch für Hamburg von einer positiven, jedoch im Wachstum abgeschwächten Entwicklung der Medienwirtschaft auszugehen.
Da der im Wachstum am meisten eingeschränkte Sektor, die Printmedien, und davon vor allem die Druckereibetriebe, in Hamburg weniger stark[370] und der dynamische Sektor Audiovisuelle Medien in Hamburg im Vergleich zum Bundesgebiet überproportional vertreten sind, kann man davon ausgehen, daß die Wachstumsraten der Medienwirtschaft in Hamburg weiterhin höher als im Bundesgebiet ausfallen werden.
Die in Abschnitt 1 dieses Kapitels getroffenen Aussagen für die einzelnen Bereiche Printmedien, Werbung, Audiovisuelle Medien und Audiomedien sind dabei auf Hamburg übertragbar. Auch in Hamburg ist von einer Stagnation im Bereich Printmedien auszugehen, die sich in weiteren Beschäftigungseinbußen in der Druckindustrie und in geringfügigen Schwankungen um den derzeitigen Beschäftigungsstand bei den Verlagen äußern wird. Bei Gruner + Jahr, dem einzigen der Hamburger Großverlage, der im letzten Jahr eine nennenswerte Umsatzsteigerung erzielte, ist dieses Wachstum auf die außerhalb Hamburgs liegenden Bereiche Zeitungen sowie Zeitschriften Ausland zurückzuführen. Angesichts stagnierender Werbeeinnahmen und Verkaufszahlen beabsichtigen die großen Hamburger Verlage nicht, zusätzliches Personal einzustellen. Der Axel Springer Verlag ist sogar dabei, Personal abzubauen. Bei Bauer ist davon bisher nur der in Köln sitzende Unternehmensbereich Druck betroffen. Im redaktionellen Sektor ist davon auszugehen, daß sich bei allen Verlagen der Einsatz von freien Journalisten weiter verstärken wird.
Im Bereich Werbung spricht die besondere Kreativität und Frische einiger Hamburger Werbeagenturen und das dadurch unterstützte Image von Hamburg als Werbestadt für auch in Zukunft über dem Bundesdurchschnitt liegende Wachstumsraten.

370 In Hamburg arbeiteten 1993 17,7 % aller in der Medienwirtschaft sozialversicherungspflichtig Beschäftigten in Druckereibetrieben. Im Bundesgebiet sind es 45,6 %. (Quellen: Unveröffentlichte Daten des Statistischen Landesamtes Hamburgs sowie der Bundesanstalt für Arbeit.)

Die Entwicklung des audiovisuellen Bereichs in Hamburg ist schwer zu prognostizieren. Da Fernsehveranstalter in der Regel einen Großteil der Aufträge an in ihrer Nähe angesiedelte Fernsehproduzenten und spezialisierte Dienstleistungsunternehmen vergeben, läßt sich nicht sicher absehen, welche Auswirkungen auf der einen Seite die Sparzwänge beim NDR und der Wegzug der bisher in Hamburg tätigen SAT 1-Unternehmensbereiche nach Berlin und auf der anderen Seite die sich weiterhin vergrößernde Nachfrage nach Programminhalten und der neue lokale Fernsehveranstalter TV Hamburg 1 haben werden.
Der Bereich Audiomedien wird in Hamburg angesichts der Präsenz der großen Musikkonzerne und der positiven Situation der privaten Hörfunkveranstalter, ähnlich wie im Bundesgebiet, eine leicht ansteigende Entwicklung verzeichnen.
Alle von uns befragten Unternehmen zeigten sich im wesentlichen mit dem Standort Hamburg zufrieden. Dies betrifft das Potential, auf das sie in Hamburg zurückgreifen können, die in Hamburg existierende, für die Produktion von Kreativität wichtige Ballung von

Kultur, Subkultur und Wirtschaft und mit Abstrichen auch das Verhältnis zu Hamburgs Politik. In keinem Bereich besteht die Gefahr, daß wichtige Unternehmen systematisch in andere Städte abwandern oder Unternehmensteile ins Ausland verlagern.
Viele der großen Hamburger Zeitschriftenverlage haben in den letzten Jahren durch Neu- oder Erweiterungsbauten (Jahreszeiten-Verlag, Axel Springer Verlag, Gruner + Jahr) oder Verhandlungen über langfristige Mietverträge (Spiegel Verlag) ihren Verbleib in Hamburg manifestiert. Nennenswerte Verlagerungen von Redaktionen nach Berlin sind nicht geplant.
Im Werbesektor und im Bereich Audiomedien hat sogar eine Bewegung nach Hamburg stattgefunden. Viele Kreative sind aus Düsseldorfer und Frankfurter Werbeagenturen nach Hamburg abgewandert, der Polygram Konzern hat seine Repertoire-Gesellschaft Phonogramm von Köln nach Hamburg zurückverlagert und Sony die Weltzentrale für den Klassik-Bereich eröffnet.
Gewisse Vorbehalte sind jedoch hinsichtlich der Film- und Fernsehproduktion zu machen. Sie steht unter dem Druck des Förderungswettbewerbs aus Nordrhein-Westfalen, Berlin und München. Wichtige Hamburger Produzenten haben sich dafür entschieden, auch an diesen Plätzen präsent zu sein. Und die Werbefilmproduktion als ein sehr spezialisierter Bereich mit besonderen Qualitätsan-

sprüchen steht in starkem internationalem Wettbewerb, insbesondere mit dem Standort London.
Für eine weitere Konsolidierung des Medienplatzes Hamburg spricht die Anhäufung der verschiedenen Medienunternehmen einschließlich kleiner spezialisierter Dienstleistungsunternehmen und freier Mitarbeiter. Auch wenn für die Organisation von Netzwerken zwischen großen und kleinen Unternehmen räumliche Nähe nicht immer notwendig ist, so ist sie doch förderlich, da sie gerade in Bereichen, in denen ein hoher Abstimmungsbedarf herrscht, einen schnellen und friktionsarmen Informations- und Wissensaustausch zwischen den Kooperationspartnern gewährleistet. Die Voraussetzungen dafür sind in Hamburg sehr günstig.

LITERATURVERZEICHNIS

ARD (Hrsg.): ARD-Jahrbuch 85, Hamburg 1985

ARD (Hrsg.): ARD-Jahrbuch 87, Hamburg 1987

ARD (Hrsg.): ARD-Jahrbuch 89, Hamburg 1989

ARD (Hrsg.): ARD-Jahrbuch 91, Hamburg 1991

ARD (Hrsg.): ARD-Jahrbuch 93, Hamburg 1993

Axel Springer Verlag (Hrsg.): Geschäftsbericht 1991, Berlin 1992

Axel Springer Verlag (Hrsg.): Geschäftsbericht 1992, Berlin 1993

Bagdikian, Ben H.: Conglomeration, Concentration, and the Media. In: Journal of Communication, Spring 1980, S. 59-64

Barzen, Dietmar: Europäischer Markt. In: Handbuch der Musikwirtschaft. Moser, Ralf und Scheuermann, Andreas (Hrsg.), Starnberg und München 1992, S. 27-36

Bargstedt, Peter; Klenk, Ingrid: Projekt Medienplatz Hamburg, Band 6: Musik zwischen Wirtschaft, Medien und Kultur, Baden-Baden/Hamburg 1987

Behörde für Wirtschaft, Verkehr und Landwirtschaft; Staatliche Pressestelle (Hrsg.): Hamburg. Die Medienmetropole (Die Hamburger Medienbroschüre), Hamburg 1989

Bentele, Günter; Jarren, Otfried (Hrsg.): Medienstadt Berlin, Berlin 1988

Brandes, Burckhard: Zahlen, Daten, Fakten. In: Jahrbuch der Werbung, Schalk, W. und Thoma, H., Düsseldorf 1992, S. 54-60

Brodbeck, K.H.; Hummel, Marlies: Musikwirtschaft, München 1991

Brummund, Peter: Struktur und Organisation des Pressevertriebs, Teil 1: Der deutsche Zeitungs- und Zeitschriftengroßhandel, München, New York, London, Paris 1985

Bürgerschaft der Freien und Hansestadt Hamburg: Mitteilung des Senats an die Bürgerschaft (Haushaltsplan-Entwurf 1987 - Ausbau der Filmförderung in Hamburg), 11. Wahlperiode, Drucksache 11/6542, 03.07.86

Bürgerschaft der Freien und Hansestadt Hamburg: Mitteilung des Senats an die Bürgerschaft (Bericht zur Filmförderung in Hamburg), 13. Wahlperiode, Drucksache 13/6768, 25.09.90

Bürgschaftsgemeinschaft: Geschäftsbericht 1992, Hamburg 1993

Bundesanstalt für Arbeit: Verzeichnis der Wirtschaftszweige für die Statistik der Bundesanstalt der Arbeit, Ausgabe 1973

Bundesanstalt für Arbeit: Sozialversicherungspflichtig Beschäftigte nach Wirtschaftklassen am 30.06., Nürnberg 1984-1993 [jeweils mit den Daten zum 30.06. des Vorjahres]

Burnett, Robert: The Implications of Ownership Changes on Concentration and Diversity in the Phonogram Industry. In: communication research, 16 (1992), S. 749-769

Czapski, Albert: Special Marketing und Kooperationen. In: Handbuch der Musikwirtschaft. Moser, R. und Scheuermann, A. (Hrsg.), Starnberg und München 1992, S. 119-127

Direktorenkonferenz der Landesmedienanstalten DLM (Hrsg.): DLM-Jahrbuch 1992, München 1993

Dohnanyi, Klaus von: Neue Medien - Chancen der Gestaltung nutzen, Hamburg als Medienzentrum stärken, Staatliche Pressestelle, 24. Januar 1984.

Erstes Sondervotum der Kommission zur Ermittlung des Finanzbedarfs der Rundfunkanstalten vom 26. März 1993

Expertenkommission Neue Medien - EMK Baden-Württemberg: Abschlußbericht, Bd. 3: Kommunikationsatlas Neue Medien in Baden-Württemberg, Stuttgart 1981

Film Fonds Hamburg: 10 Jahre Film Fonds Hamburg 1982 - 1992, Hamburg 1992

Film Fonds Hamburg: Bilanz 1993 des Film Fonds Hamburg, Hamburg 1994

Freie und Hansestadt Hamburg, Behörde für Wirtschaft, Verkehr und Landwirtschaft (Hrsg.): Hamburg. Die Medienmetropole, Hamburg 1990

Freie und Hansestadt Hamburg: Hamburger Mittelstandsbericht 1990, Hamburg o.J.

Gesellschaft für Technologieberatung und Systementwicklung (Hrsg): EDV-Einsatz im PrePress-Bereich, Hamburg 1992

Grabher, Gernot: Industrielle Innovation ohne industrielle Innovation? Der Umbau des Montankomplexes im Ruhrgebiet, Wissenschaftszentrum Berlin für Sozialforschung, 1989

Gruner + Jahr (Hrsg.): Geschäftsbericht 1991/92, Hamburg 1993a

Gruner + Jahr (Hrsg.): Geschäftsbericht 1992/93, Hamburg 1993b

Gruner + Jahr (Hrsg.): Werbetrend Januar - Dezember 1993, Hamburg, 1994

Hamburger Filmbüro (Hrsg.): Filmförderung und Produktionszentrum, Hamburg 1994

Hamburgische Landesbank (Hrsg.): Hamburgs Wirtschaft im ersten Halbjahr 1993, Hamburg 1993

Hamburgische Landesbank (Hrsg.): Hamburgs Wirtschaft 1993, Hamburg 1994

Handelskammer Hamburg (Hrsg.): Medienplatz Hamburg: Bundesweit Spitze, Hamburg 1988

Handelskammer Hamburg (Hrsg.): Bundesweit Spitze. Medienstadt Hamburg, Hamburg o.J.

Heinrich, Jürgen: Ökonomische und publizistische Konzentration im deutschen Fernsehsektor. In: Media Perspektiven 6 / 1992, S. 338-356

Heinrich, Jürgen: Dominanz der Kirch-Gruppe weiter gestiegen. In: Media Perspektiven 6/1993, S. 267-277

Hoffmann-Riem, Wolfgang (Hrsg.): Projekt Medienplatz Hamburg, Baden-Baden/Hamburg, 1987

Hoffmann-Riem, Wolfgang: Projekt Medienplatz Hamburg, Band 1: Medienplatz Hamburg - Zusammenfassender Projektbericht, Baden-Baden/Hamburg, 1987

Hoffmann-Riem, Wolfgang; Ziethen, Michael P.: Projekt Medienplatz Hamburg, Band 4: Verhältnis von Staat und Medien in Hamburg, Baden-Baden/Hamburg 1987

Hoffmann-Riem, Wolfgang: Medienstädte im Wettbewerb. In: Medien-Journal 2/1989, S. 66-76

Hummel, Marlies: Musikwirtschaft in Deutschland. In: Handbuch der Musikwirtschaft. Moser, R. und Scheuermann, A. (Hrsg.), Starnberg und München 1992, S. 37-54

Industrie- und Handelskammer München (Hrsg.): Medienstadt München. Eine IHK-Untersuchung, München 1986

Industrie- und Handelskammer zu Berlin (Hrsg.): Medienstadt Berlin - eine Umfrage der IHK zu Berlin, Berlin 1989

Jakobs, Hans-Jürgen; Müller, Uwe: Augstein, Springer & Co., Wiesbaden 1990.

Jepsen, Dirk: Alles nur noch Quark? Die Folgen der Einführung arbeitsrechnergestützter Seitenherstellungssysteme für die Beschäftigten, Hamburg o.J.

Kaldenberg, Rolf von: Stark im Aufwind. In: Medien Bulletin 5/1993, S. 46, 48

Kammerer-Jöbges, Brigitte; Beissner, Catrin: Grenzen und Möglichkeiten von systematischer Ausbildung in audio-visuellen Medien. Eine empirische Erhebung in Hamburg. Unveröffentl. Schlußbericht, Hamburg 1991

Kellerer & Partner GmbH, Müller adress, Neue Mediengesellschaft Ulm (Hrsg.): Medien Jahrbuch, Band 1, Daten und Fakten, München 1992

Kellerer & Partner GmbH, Müller adress, Neue Mediengesellschaft Ulm (Hrsg.): Medien Jahrbuch, Band 2, Who's who der Medien, München 1992

Kellerer & Partner GmbH, Müller adress, Neue Mediengesellschaft Ulm (Hrsg.): Medien Jahrbuch, Band 3, Firmen und Verbände, München 1992

Kellerer & Partner GmbH, Müller adress, Neue Mediengesellschaft Ulm (Hrsg.): Medien Jahrbuch, Band 1, Medien & Märkte, München 1993

Krüger, Thomas; Läpple, Dieter: "Boomtown Hamburg"... Phönix aus der Asche?, Hamburg-Harburg 1992

Lampe, Joachim: Die Zukunft der öffentlich-rechtlichen Fernsehproduktions- u. Sendebetriebe. In: Media Perspektiven 5/92, S. 299-305

Landesarbeitsamt Nord: Statistisches Sonderheft, Beschäftigte, Arbeitslose und offene Stellen nach Berufsordnungen in Schleswig-Holstein und in Hamburg - 1983-1991, Kiel 1992a

Landesarbeitsamt Nord: Statistisches Sonderheft, Beschäftigte, Arbeitslose und offene Stellen nach Wirtschaftszweigen in Schleswig-Holstein und in Hamburg - 1983-1991, Kiel 1992b

Landesarbeitsamt Nord: Statistisches Sonderheft, Beschäftigte, Arbeitslose und offene Stellen nach Berufsordnungen in Schleswig-Holstein und in Hamburg - 1984-1992, Kiel 1993a

Landesarbeitsamt Nord: Statistisches Sonderheft, Beschäftigte, Arbeitslose und offene Stellen nach Wirtschaftszweigen in Schleswig-Holstein und in Hamburg - 1984-1992, Kiel 1993b

Lange, B.P.; Pätzold, U.: Medienatlas Nordrhein-Westfalen. Grundlagen der Kommunikation, Bochum 1984

Läpple, Dieter: Neue Technologien in räumlicher Perspektive. In: Informationen zur Raumentwicklung 4/89, S. 213-226

Leudts, Peter: Giganten in Druck. In: W & M 3/1990, S. 14-16

Lintas Deutschland (Hrsg.): Daten und Fakten der LINTAS:GRUPPE 1992, o.O. 1993

Lüftner, Moni: Weltmusikmarkt. In: Moser, R. und Scheuermann, A. (Hrsg.): Handbuch der Musikwirtschaft, Starnberg und München 1992, S. 17-26

Luyken, Georg-Michael: Das Medienwirtschaftsgefüge der 90er Jahre. Horizontale und vertikale Unternehmensverflechtungen - Neue strategische Allianzen - Öffentliches Interesse. In: Media Perspektiven 10/1990, S. 621-641

Mahlmann, Carl: Struktur des Deutschen Tonträgermarktes. In: Handbuch der Musikwirtschaft. Moser, Ralf und Scheuermann, Andreas (Hrsg.), Starnberg und München 1992, S. 79-102

Moser, Ralf; Scheuermann, Andreas (Hrsg.): Handbuch der Musikwirtschaft, Starnberg und München 1992

Moths, Eberhard: Medien als einzel- und gesamtwirtschaftliches Phänomen. In: Media Perspektiven 8/1978, S. 541-561

N.N.: Startschuß für die Vermarktung von RTL2. In: Kabel und Satellit 10/1993

Norddeutscher Rundfunk (Hrsg.): Geschäftsbericht 1984, Hamburg 1985

Norddeutscher Rundfunk (Hrsg.): Geschäftsbericht 1988, Hamburg 1989

Norddeutscher Rundfunk (Hrsg.): NDR Geschäftsbericht 1990, Hamburg 1991

Norddeutscher Rundfunk (Hrsg.): NDR Geschäftsbericht 1992, Hamburg 1993

Norddeutscher Rundfunk: Wirtschaftsplan 1993, unveröffentlichtes Manuskript.

Plath, Hartwig: Strukturelle Fortschritte. In: Hamburger Wirtschaft 11/85, S. 16-18

Plath, Hartwig: Weiterhin tonangebend. In: Hamburger Wirtschaft 2/1993, S. 8-10

Pretzsch, Dietmar: Werbefernsehboom hält an. Die Entwicklung in den klassischen Medien 1990. In: Media Perspektiven 3/1991, S. 147-160

Reimer, Hauke: Ursachen, Stand und Wettbewerbsbedingungen der Konzentration im Pressewesen: Eine Fallstudie zum deutschen Zeitschriftenmarkt, Dortmund 1992

Richter, Hermann: Pressekonzentration und neue Medien, Göttingen 1989

Richert, Raimar; Thiel, Eberhard; Weilepp, Manfred: Projekt Medienplatz Hamburg, Band 2: Strukturen der Medienwirtschaft in Hamburg, Baden-Baden/Hamburg 1987

Robins, Kevin; Cornford, James: What is "flexible" about independent producers, Screen 33/1992, S. 190-200

Röper, Horst: Daten zur Konzentration der Publikumszeitschriften im I. Quartal 1992. In: Media Perspektiven 7/1992a, S. 416-427

Röper, Horst: Formationen deutscher Medienmultis 1991. In: Media Perspektiven 1/1992b, S. 2-23

Röper, Horst: Formationen deutscher Medienmultis 1992. In: Media Perspektiven 2/1993

Schalk, W.; Thoma, H. (Hrsg.): Jahrbuch der Werbung, Düsseldorf 1992.

Schmidt, Christoph: Organisation der Majors. In: Moser, R. und Scheuermann, A. (Hrsg.): Handbuch der Musikwirtschaft, Starnberg und München 1992, S. 103-110

Schöttler, Günther: Euro-Medien - Fiktion oder Wirklichkeit? In: Schalk, W.; Thoma, H. (Hrsg.): Jahrbuch der Werbung, Düsseldorf 1992, S. 109-114

Schütz, Walter J.: Medienregion Stuttgart: eine Bestandsaufnahme, Konstanz 1993

Schumpeter, Joseph: Theorie der wirtschaftlichen Entwicklung, 6. Auflage, Berlin 1964

Sikorski, Hans W.: Geschichte des Verlagswesens, in: Handbuch der Musikwirtschaft. Moser, R. und Scheuermann, A. (Hrsg.), Starnberg und München 1992, S. 167-174

Stamm 1975, Presse- und Medienhandbuch, Leitfaden für Presse und Werbung, Essen 1975

Stamm 1994, Presse- und Medienhandbuch, Leitfaden für Presse und Werbung, Essen 1994

Statistisches Bundesamt: Finanzen und Steuern, Fachserie 14, Reihe 8, Umsatzsteuer 1984, Wiesbaden 1986

Statistisches Bundesamt: Finanzen und Steuern, Fachserie 14, Reihe 8, Umsatzsteuer 1986, Wiesbaden 1989

Statistisches Bundesamt: Finanzen und Steuern, Fachserie 14, Reihe 8, Umsatzsteuer 1988, Wiesbaden 1990

Statistisches Bundesamt: Presse 1989, Ausgewählte Ergebnisse, Wiesbaden 1991

Statistisches Bundesamt: Finanzen und Steuern, Fachserie 14, Reihe 8, Umsatzsteuer 1990, Wiesbaden 1992

Statistisches Bundesamt: Presse 1990, Ausgewählte Ergebnisse, Wiesbaden 1993

Statistisches Landesamt Hamburg: Die Umsätze und ihre Besteuerung in Hamburg 1984, Hamburg 1986

Statistisches Landesamt Hamburg: Die Umsätze und ihre Besteuerung in Hamburg 1986, Hamburg 1988

Statistisches Landesamt Hamburg: Die Umsätze und ihre Besteuerung in Hamburg 1988, Hamburg 1990

Statistisches Landesamt Hamburg: Die Arbeitsstättenzählung in Hamburg am 27. Mai 1987, Hamburg 1992a

Statistisches Landesamt Hamburg: Hamburg in Zahlen 12/1992, Hamburg 1992b

Statistisches Landesamt Hamburg: Die Umsätze und ihre Besteuerung in Hamburg 1990, Hamburg 1993

Steinbach, Joachim: Werbemarkt 1985 - unterproportionales Wachstum. In Media Perspektiven 3/1986, S. 129-143

Steinkopp, Rolf: Projekt Medienplatz Hamburg, Band 5: Synchronisation in Hamburg, Baden-Baden/Hamburg, 1987

Stolte, Dieter: Wettbewerb, der Qualität halber. Praktische Anmerkungen zur Zusammenarbeit von Produzenten und ZDF. Referat auf der ZDF-Produzententagung 1978. Veröffentlicht in TV-Courier, Nr. 2-D vom 19.01.1979, S. 11-17

Storck, Mechthild: Werbefernsehboom - ein Geschäft für die Privatsender. In: Media Perspektiven 3/1992, S.158-171

Teichert, Will; Steinborn, Peter: Werbemarkt Hamburg, 1990

Thurow, Norbert; Zombik, Peter: Management bei Tonträgerherstellern (Schallplattenfirmen), unveröffent. Manuskript, Hamburg 1993

Verlagsgruppe Deutscher Fachverlag (Hrsg.): Hamburg kommuniziert, Frankfurt 1992

Vormehr, Ulrich: Independents. In: Handbuch der Musikwirtschaft. Moser, Ralf und Scheuermann, Andreas (Hrsg.), Starnberg und München 1992, S. 111-118

Weischenberg, Siegfried: "Lean Production" bei der Zeitung. In: Sage & Schreibe Special, 7/1993, S. 24 - 25.

Wilke, Peter: Arbeitsplätze und neue Medienangebote, Hamburg 1990

Wirtschaftlichkeits-, Spar- und Rationalisierungsmaßnahmen der ARD-Landesrundfunkanstalten 1993 II vom 1. September 1993. Beilage zum IW-Medienspiegel 17 (1993), Nr. 47 und 48.

Zentralverband der deutschen Werbewirtschaft (ZAW) (Hrsg.): Werbung in Deutschland 1992, Bonn 1992

Ziethen, Michael P.: Projekt Medienplatz Hamburg, Band 3: Förderung von Medienwirtschaft und Film in Hamburg, Baden-Baden/Hamburg 1987

Zimpel 3 (Funk und Fernsehen), Loseblattsammlung, München, Stand 12/1993

Zuberbier, Ingo: "Euro-Agentur" - Die neue Dimension europäischer Werbeagenturen. In: Schalk, W.; Thoma, H.: Jahrbuch der Werbung, Düsseldorf 1992, S. 115 - 123

ANHANG

Interviewliste

Achterfeld, Wilfried	Arbeitskreis Musikwirtschaft
Bornemann, Klaus	Alsterstudios
Bremer, Heiner	Axel Springer Verlag AG
Drewling, Andreas	Loft Studios
Eckelt, Michael	Film Fonds
Fürneß, Ulrike	IG Medien
Ganske, Thomas	Jahreszeiten-Verlag GmbH
Göke, Norbert	Studio Funk
Gramatke, Wolf-D.	Polygram GmbH
Gundel, Eckhard	BMG Ariola Hamburg GmbH
Hanus, Rainer	Arbeitsstab Medienwirtschaft in der Senatskanzlei
Haentjes, Michael	edel company music AG
Haerlin, Uta-Sabine	Verband der Werbefilmproduzenten
Heidenreich, Peter, Dr.	Heinrich Bauer Verlag KG
Hilsberg, Alfred	Verband unabhängiger Tonträgerhersteller
Holstein, Wolfgang	Wirtschaftsbehörde Hamburg
Holthausen, Klaus	Springer & Jacoby Werbung GmbH
Hubert, Eva	Film Fonds Hamburg
James, Peter	Rockcity
Jensen, Helga	Wirtschaftsbehörde Hamburg
Klatten, Werner E.	SAT.1
Kollmer, Udo	Gruner + Jahr AG & Co.
Kühsel, Peter	Gruner + Jahr AG & Co.
Lampe, Joachim	Norddeutscher Rundfunk
Lindemann, Elmar, Dr.	Sony Classical GmbH
Martini, Bernd-Jürgen	Martinis Media Marketing
Naegele, Wolfgang	Verlagsgruppe Milchstraße
Niemann, Dorothea, Dr.	Arbeitsamt Hamburg
Nettlau, Helmer	Arbeitsamt Hamburg
Peters, Christian	Wirtschaftsbehörde Hamburg
Plath, Hartwig	Handelskammer Hamburg
Rauhe, Hermann, Prof. Dr.	Hochschule für Musik und darstellende Kunst

Rautenkranz, Carol von	Fuhlbrügge + v. Rautenkranz GbR
Schiphorst, Bernd	ufa Film- und Fernseh GmbH
Tangermann, Kay	Kay Tangermann Werbeagentur
Teichert, Will, Dr.	Akademie für Publizistik
Thurow, Norbert, Prof. Dr.	Bundesverband der Phonographischen Wirtschaft e.V.
Topp, Erika	Wirtschaftsbehörde Hamburg
Trebitsch, Katharina	Trebitsch Produktion Holding
Willich, Martin, Dr.	Studio Hamburg
Zombik, Peter	Bundesverband der Phonographischen Wirtschaft e.V.
Zuberbier, Ingo, Dr.	Lintas Deutschland GmbH

Schlagwortverzeichnis

BAND 1
...TUR, MEDIEN UND RECHT

Aus der Fachpresse:

"Angesichts der zunehmenden Verrechtlichung der Werbung ist es für Werbungtreibende und Agenturen immer wichtiger, die wettbewerbsrechtlichen Spielregeln und Besonderheiten zu kennen."

ZAW-Service (Nov. '93)

"Ein wichtiges Nachschlagewerk für Werbefachleute, Gewerbetreibende und Juristen. Es sollte auch in keinem Fotografenbüro fehlen."

Photo Technik International (1/94)

"Der Autor weiß sich kurz zu fassen, ohne zu schludern, und nennt Fundstellen und Grundsatzurteile."

kress report (18.02.1993)

"Wer beruflich mit Werbung zu tun hat, wird nicht umhinkommen, neben dem Kreativen auch gewisse rechtliche Spielregeln zu beachten. "

Hamburger Wirtschaft (4/93)

"Das handliche Nachschlagewerk ... bietet unter zahlreichen Stichworten rasch einen ersten Einblick in Bereiche wie Abmahnung, Product Placement oder Zitate in der Werbung."

Horizont (12.3.93)

DR. STEPHAN SCHMIDT

WERBUNG UND RECHT
VON A - Z

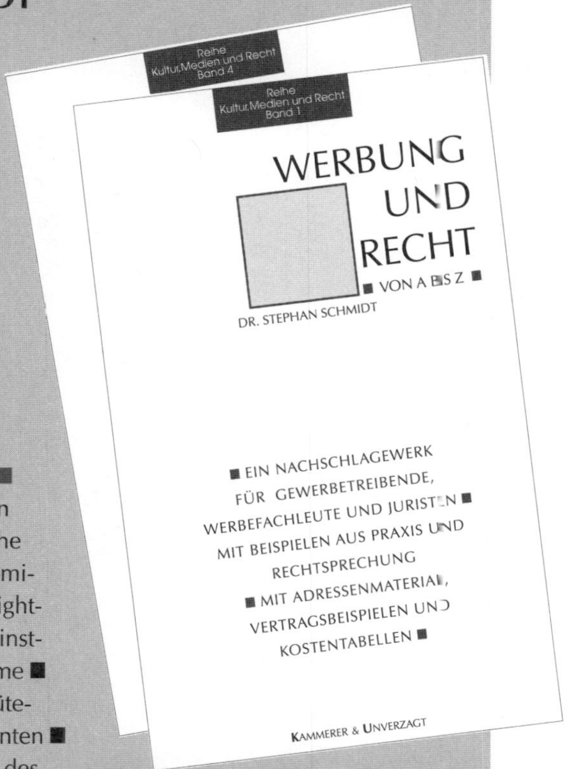

Klappenbroschur, 180 S.
ISBN 3-926763-63-9
DM 39,90.
KAMMERER & UNVERZAGT

Aus dem Inhalt: Abmahnung ■ Amtliche Werke ■ Anhängen an fremde Werbung ■ Betrügerische Werbung ■ Bildnisschutz ■ Prominente in der Werbung ■ Copyright-Vermerk ■ EG-Vorschriften ■ Einstweilige Verfügung ■ Firmenname ■ Geschmacksmusterschutz ■ Gütezeichen ■ Haftung des Informanten ■ des Inserenten ■ der Agentur ■ des Werbemediums ■ Ideenschutz ■ Irreführende Werbung ■ Kartellrecht ■ Messen ■ Namensnennung des Grafikers ■ des Texters ■ des Fotografen ■ Präsentationen ■ Preisangaben ■ Preisgegenüberstellungen ■ Preisausschreiben ■ Product Placement ■ Produktpiraterie ■ Prozeßkosten ■ Psychologischer Kaufzwang ■ Rabatt / Preisnachlaß ■ Redaktionelle Werbung ■ Richtlinien des Deutschen Werberates ■ Schadensersatz ***. . und vieles mehr.***